叱咤風雲

吳經國拳力出擊

吳經國／著
曾意芳／採訪整理

【序】永遠的奧林匹克志工

文／吳經國

二〇一八年是我擔任國際奧會委員整整三十年，若要從我正式跨足體育界算起，成為專業「體育人」，則有四十個年頭了。我把我人生最精華的歲月都奉獻給國際體壇和奧林匹克運動，奧林匹克的血液在我的體內流動，成為我生命的一部分，我此生職志更為傳揚尊重友誼、追求卓越的奧林匹克精神所拚搏。我相信，這是上天所賦予我最重要的使命。

回顧我這一生，歷經許多重大挑戰，更突破重重難關，完成一個又一個不可能的任務，還必須背負很多重要任務，在體育與政治的糾葛間，做出最適切的決斷。但也因為國際奧會委員這個特殊的身分，我親眼見證許多歷史上的重要時刻，並與世界各國政治和體育界的領導人建立可貴的友誼。如此豐富精彩的人生，是應該好好做個紀錄，也為歷史做見證。

我的前一本自傳《奧運場外的競技——吳經國的五環誓約》，寫的是我在國際體壇與國際奧會委員生涯前半部的歷程，其中包括兩岸體育與政治間難解的習題、積極爭取「中華臺北」奧會模式，以及為恢復各項體育會籍的艱苦戰役等重大事件，有一點算是前傳。

而我人生的後半段，相較於初踏入國際體壇的披荊斬棘、開疆闢土，其精彩程度則更加上層，所面對的艱難挑戰不可勝數，所遇到的驚險和危難，更是旁人所難以想像。

我人生中最重要的幾次決定和最關鍵的抉擇，似乎都集中在我人生的後半段。包括國際拳總主席和國際奧會主席這兩大選舉，以及在國際拳總主席任內所奠定的黃金十年改革大業。

我也全力協助二〇〇八年北京奧運會各項籌備工作，並親眼見證北京奧運會所創造的輝煌歷史。更令人驚喜的是，北京再度拿下二〇二二年冬季奧運會的主辦權，相信屆時北京可以再度寫下另一個傳說。

這些事件都是我在國際奧會委員生涯中所經歷的重要里程碑，是我人生中極為關鍵的紀錄，也是我推動奧林匹克運動與拳擊改革的重要紀實。為此，我特別邀請上一本書的整理者曾意芳小姐再度為我執筆，希望為我人生的後半章留下完整、翔實的珍貴紀錄。

我所面對的體育事務，往往交織著複雜難解的政治糾葛。為了讓事情能有圓滿的結果，我必須兼顧很多原則和立場，亦不能違背我當初所宣誓的五環誓約，所需要的是盱衡時勢的遠見和折衝。

而我在國際拳總主席任內所推動的各項改革，更是突破重重障礙和舊勢力的阻撓才能達成。這一切成果，若非有足夠的毅力和決心是做不到的。書中詳述我在國際拳總的重大改革工作，期盼讓更多人了解拳擊運動的美好。雖然我已經離開國際拳總，但我所奠定的改革基業，早已是各國拳擊協會的重點發展目標，成為拳擊運動的重要資產。

二〇一八年十月十四日，第三屆青年奧運會在阿根廷布宜諾斯艾利斯舉行。國際奧會委員帕特里克鮑曼，在參加青奧會期間，不幸因心臟病突發，以五十一歲的壯年猝逝，消息傳出讓國際體壇極為震驚。

鮑曼身兼國際籃球總會祕書長、單項運動聯合會主席等要職，工作十分繁重，他把自己人生的最精華，都奉獻給了籃球，日夜奔波只為推動籃球運動。他的不幸逝世，做為同僚的我們都感到十分惋惜。

這也讓我更加提醒自己，要更加注意自己的身體。因為，不少國際奧會委員除了委員身分外，還身兼國際體壇領導人的要職，繁重的工作壓力可以想見是多麼沉重的負擔，若沒有一個健康的身體，是無法勝任這樣的工作和生活模式的。

以我個人來說，原本工作就已經十分繁重，在二〇〇六年當選國際拳總主席之後，身兼國際奧會委員與國際拳總主席的多重身分，我的工作壓力比起過去要多出好幾倍。我的幕僚總是訝異我，不論何時何地，總有用不完的精力。國際體壇也有很多朋友，更戲稱我所擁有的時間一定比一般人多出好幾倍，不然怎麼有這麼多時間，可以完成一件又一件艱難的任務。

有時候連我自己也感到不可思議，到底是怎麼辦到的。其實，我十分慶幸自己這麼多年來，能夠獲得上天很多的眷顧。老天既然交付給我這麼多任務必須達成，除了靠我後天鍛鍊的堅強意志力和忍受一切挫折的耐力之外，祂還給了我一副絕佳的強健體魄，讓我得以應付一個又一個的難關。因為，這一切都是我人生的宿命，也是使命。

鮑曼的離世，更讓我體會到順服天意的道理。我想，人生的價值與生命的意義，取決於自己對事情的解讀和人生觀。在國際拳總領導人紛爭的抉擇下，雖然我手握正義的權柄，公理、正義和法律都是站在我這一邊的，但我最後並未選擇據理力爭，與保守勢力纏訟到底，而是選擇放下一切全身而退。

讓我更加欣慰的是，我這項決定贏得很多世人的尊敬，也為我能夠放下一切名利，守住正義的清白名聲喝采。我想，人的一生不可能永遠順遂、盡如己意，總是成功和挫折不斷交織。在得失之間如何取捨，就看你怎麼解讀人生這門課。而我很慶幸自己，在關鍵時刻做了最正確的決定。

如今，我也堂堂邁入從心所欲的七十歲，我想，老天是要給我一個喘息的空間，提醒我該把腳步緩一緩，重新找回過去失去的時光，那些因為工作而錯過的回憶。像是家庭生活、夫妻和親子關係的經營，還有令人珍惜的睡眠時間，在工作暫歇之際，我一個又一個把它補回來了。

奧林匹克運動從公元前七七六年至今，這麼長遠的歲月，就靠著有志者把奧林匹克精神一棒又一棒的傳承下去。我有幸在三十年前成為國際奧會委員、奧林匹克文化的傳承者，努力宣揚奧林匹克精神。再過幾年，我會正式卸下國際奧會委員一職，但我想自己應該沒有辦法這麼輕易的轉身說再見，因為三十幾年的奧林匹克生涯，我身上所流的血，早已染成了奧林匹克血液，奧林匹克運動已成了我生命的一部分。

常常在國際奧會年會上，看到已退休的國際奧會委員，雖然已是八、九十歲的高齡，仍然拄著拐杖，拖著蹣跚的步伐，只為自己曾是奧林匹克大家庭的一員。我想，在我退休以後，我也會這麼做。

人生的歲月不管有多長，追求奧林匹克的價值觀永遠不會止步，我將自許為「永遠的奧林匹克志工」，永遠保有我的初衷和堅守的五環誓約。

【序】臺灣運動員的守護神

文／曾意芳

距離吳經國委員上一本傳記，已是十七年前，我的孩子已從腹中的胎兒長大成人了。十七年的歲月，我鮮少再拿筆寫作，生活重心轉到家庭和學校志工，成為孩子們口中的「彩虹媽媽」。但從報章媒體中，常會讀到吳委員的訊息，尤其是幾則轟動國內外媒體的爆炸性頭條，都不免觸動我的內心深處，也為吳委員所面臨的險境感到擔憂。

吳委員人生的後半章，實在是太精彩了，不但在國際奧會委員生涯再創巔峰，更成功選上國際拳擊總會主席，開啟拳擊運動改革的黃金十年，那既驚險又傳奇的經歷，驚濤駭浪都不足以傳神的描述。

今年三月，我再度收到吳委員的呼召，他希望我可以再次幫他記錄，為他完成自傳的後半部，也為國際奧會委員生涯留下篇章。

許久未動筆的我，要接下這個重擔，心中不免有許多擔憂和不安。擔心自己思維不夠清晰，也害怕自己的筆觸不再敏銳，無法確實掌握吳委員的內心世界。我一再婉拒吳委員的邀請，但委員對我的信任與看重，深深感動了我，他竟然願意把自己如此精彩的人生，交給一個這麼平庸的我來幫他記錄。此生能遇到這麼全然託付與信任的傳主，是寫作者最大的幸運與福分了。在先生的鼓勵下，我如履薄冰的接下這個任務。心中暗自祈禱，深藏在內心深處的寫作魂趕快甦醒吧！

再次踏進吳委員的辦公室，一樣的場景，一樣溫馨的氛圍。十七年的歲月，竟然沒有在吳委員身上留下任何痕跡。委員溫文儒雅的風采依舊，親切和藹的語氣，緩和了我略帶緊張的情緒。我發現自己之前的許多擔憂是多慮了，因為吳委員那如電腦資料庫般的超強記憶能量，只需要幾個關鍵字，就能道出一個又一個精彩的故事，我又再次沉浸在吳委員一連串的驚異奇航裡了。

吳委員還是那個在十七年前好會說故事的長者。世間的紛擾、名位的爭奪、榮華富貴，在他眼中都變得極為渺小。讓我深感驚訝的是，經歷了這麼多事，吳委員竟然還能以如此平和的語氣，如此寫意的描述。他的人生境界，已然到達另一個更高的層次。

吳委員人生的下半章有四大關卡，一是競選國際拳擊總會主席，二是國際拳總任內改革的黃金十年，三是競選國際奧會主席，四是卸下國際拳總主席大位。這四大關卡，深深影響著吳委員的人生觀。

吳委員的堅定與毅力，從他三十年來不間斷、沒有一日中輟的運動習慣，可以感受到。吳委員的灑脫和豁達，讓他可以雲淡風輕的放棄所有光環，毅然決然的從國際拳總主席之位裸退。身為國際奧會委員，他的肩上從未放棄過該有的堅持和使命，堅定的守護臺灣選手參與國際體育賽事的康莊大道。他更義無反顧的投入國際奧會主席選舉，只為完成中國人在國際奧會百年歷史上的定位。

或許有人對吳委員的作法，會有一些不同的解讀，但你不能否認，在尋夢的路途上，吳委員走得比一般人更為艱辛，因為吳委員所肩負的擔子，真的非常沉重。

二〇一八年是吳委員國際奧會委員生涯整整邁入三十年的日子。人生能有幾個三十年？吳委員把自己最精華的人生歲月全都奉獻給奧林匹克運動，窮盡自己畢生心力，發揚奧林匹克精神與價值。三十年如一日，從沒忘記他在三十年前所宣誓堅守的五環誓約。他所有行事作為和生命的信念，都在體現奧林匹克價值，這樣的精神和毅力，實在令人感佩。

這本書不是終點，只是階段性任務的完成。在吳委員的腦子裡，還有無數個點子在轉個不停。以吳委員過人的精力，這人生的畫布還有無限寬廣的揮灑空間。讓我們拭目以待，用心感受吳委員帶來的驚奇。

我曾經想過，當吳委員真正卸下所有重擔，從國際奧會委員榮退下來的光景，臺灣還有可能再出現另一個吳經國嗎？放眼望去，要找到一個能像吳委員那樣，嫻熟國際體育事務，又能有堅定的信仰、信念，不畏懼任何保守勢力的毅力和決心；還要忍旁人所不能忍，不受任何政治力掌控，始終堅守五環誓約。這些條件似乎太過嚴苛，真的有這樣的接班人存在嗎？在目前的時空背景下，我期盼臺灣能再次創造一個吳經國委員的化身，來承接臺灣邁向國際體壇那座穩固而紮實的空橋。只是我這樣的期盼，是不是太過奢望了呢？

吳經國委員的時代，本身就是一個傳說，他已經創下太多不可思議的紀錄了。但套句吳委員常說的一句話，臺灣要能在國際社會立足，真的要走出一條新的路子來。我衷心祈求真的會有這麼一個人出現，帶領臺灣走出新希望，期盼就在不久的將來。

第三部：保守勢力的反撲

第四部：競選國際奧會主席

第五部：奧林匹克博物館的圓夢之旅

第六部：超越政治藩籬的體育新主張

第七部：京奧展風華

第八部：神奇的運動效應

2009.05.07　與國際奧會終身榮譽主席薩馬蘭奇合影（西班牙巴塞隆納）

2006.11.05　當選國際拳總主席後演講（多明尼加聖多明哥）

第一部：源起

- 與拳擊的淵源
- 第一次挑戰拳總主席之位
- 登上拳總主席之位

世界拳王阿里有句名言：「當沒有勇氣去冒險時，就註定一輩子毫無成就。」

我回顧自己的一生，無論是國際奧會委員三十年的生涯，抑或是國際拳擊總會主席十一年來的光陰，似乎永遠在挑戰不可能的任務，一個接著一個開創人生的巔峰。一件又一件在旁人認為不可能成功的艱難任務，我卻一次又一次完成了。

如此旺盛的戰鬥力和能量，到底什麼時候才會停歇呢？我想，這得要等到我走向人生盡頭，嚥下那口氣時吧！因為，我所信奉的人生哲學，就是懷抱著勇氣，永無止盡的向前邁進。

與拳擊的淵源

打從我在娘胎裡就胎動得厲害，似乎註定我此生與體育結緣。八歲起學打籃球，開始了我的籃球夢，我立志成為一位傑出的籃球國手。這個夢想竟然在我中學時遇到了勁敵，那就是「拳擊」。

初中時，我的人生突然出現了「拳擊」這個元素，我瘋狂崇拜與熱愛拳擊運動，拳擊選手是我最欣羨與景仰的英雄和偶像。我加入學校的拳擊隊，拳擊便成了我生活最大

2007.10.23　世界拳擊錦標賽期間，邀請拳王阿里出席（美國芝加哥）

的重心與人生目標。

在我看來，拳擊運動是力與美的結合，打拳的人不論體態、姿勢、動作，都是完美運動員的體現。更重要的是，拳擊是為「勇氣」二字做最好註解的一項運動。在拳擊臺上，是自己與對手單打獨鬥、近身肉搏的拚戰，沒有退路，只有勇往直前。打拳不能僅靠蠻力，要有相當的智慧，不論是進攻或防守，全憑當下的正確判斷。即使被打得遍體鱗傷，也不能膽怯，要忍受身心的苦楚撐下去。

總之，在我初中生的腦子裡，拳擊就是展現男孩子勇氣與智慧最好的運動，沒有其他運動可以比得上它。

崇拜拳擊的心理佔滿我整個腦子，我發下豪志，要成為全世界最偉大的拳王。但這個夢想終究沒有實現，因為自我打拳以來，總是帶著傷回家，心疼我的母親苦苦勸阻我放棄打拳，她擔心這樣下去，不知道哪天會等到一個遍體鱗傷、面目全非的兒子回家。為了怕母親擔憂受怕，我掙扎了許久，最後選擇放棄打拳。這是一個極其痛苦的決定，但人生總有很多的不得不，我必須顧全家人的感受。短短的拳擊夢碎了，但拳擊的魔力卻深深烙印在我心底深處，小小的種籽開始萌芽。

原本以為此生將與拳擊無緣，殊不知命運的轉輪，又將我與拳擊緊緊牽繫在一塊，這個連結一牽就是數十年的光陰。

第一次挑戰拳總主席之位

我從一九八二年成為國際奧會委員徐亨的接棒人之後，便積極投入國際體育事務。當年國際拳擊總會年會正好在美國召開，同時也會進行多項重要選舉，當時我國的拳擊協會理事長吳伯雄先生，便鼓勵我代表中華臺北出席年會，同時提名競選國際拳擊總會執行委員。

行事做人向來廣結善緣的我，沒想到初試啼聲，第一次投入世界體育組織的選舉就順利當選，還連選連任了四屆執行委員。從一九八二年到一九九八年，每四年一次的執行委員改選，我都沒有落敗，一直留在國際拳擊總會的權力核心，長達十六年的時間。

一九八七年，我接下國際拳擊總會財務委員會、青年運動發展委員會和市場行銷的要職，努力把拳擊運動與國際接軌。然而，益發接觸權力核心後，卻讓我更加了解這個組織的腐敗與墮落。

國際拳擊總會長久以來被巴基斯坦籍的主席喬德利把持，喬德利在國際體壇惡名昭彰，可以說是沒有任期限制的萬年主席，從來沒有人膽敢挑戰他的權威。他把國際拳擊總會視為私人財產，操控所有事務，長期接受各國賄賂，買通裁判，藉此控制比賽。高貴的拳擊運動，在他手下變成了骯髒、不公平的運動。運動員的努力徒勞無功，運動員的精神蕩然無存，一切只有「金錢」可以操控一切。

我在這樣一個腐敗的組織下，努力想扭轉局面，但只有靠我一人單打獨鬥，影響極為有限。翻轉拳擊命運的機會，在我一九八八年當選為國際奧會委員之後，有了革命性的轉變。國際拳擊總會自創立以來，從未有成員得以進入國際奧會，這個位置在國際體壇有相當大的影響力。我相信，也只有我挺身而出，才有機會打垮喬德利腐敗政權。為了我最熱愛的拳擊運動，我必須放手一搏，我不能再眼睜睜的看著國際拳擊總會繼續墮落下去，我不能讓拳擊運動毀在他手裡。

就在我擔任國際奧會委員十年後的一九九八年，我覺得自己已經累積不少處理國際體育事務經驗，應該有能力來做一點不一樣的挑戰。為此，我做了人生中一項重大的決定，那就是宣布參選國際拳擊總會主席。

這項決定，我在第一時間就告訴當時的國際奧會主席薩馬蘭奇，希望尋求他的支持。在我陳述完我的重大決定後，有一種很奇怪的氛圍環繞在薩馬蘭奇位於瑞士洛桑的辦公室，那是一種擔憂與不安。薩馬蘭奇聽完我的決定後，沉默、猶豫了許久，最後他嘆了一口氣，拍拍我的肩膀，語重心長的說：「這是一個非常不容易的決定，這也會是極其艱難的一仗。」

薩馬蘭奇深知，我面對的是一個歷史悠久且龐大腐敗的保守勢力，打的是一場絕對不可能贏的選戰，但他仍鼓勵我全力奮戰到底。雖然以國際奧會的立場，不宜公開介入國際單項運動總會選舉，然而他還是衷心為我加油。

臨去前，他要求我必須以最快的方式讓他知道選舉結果。我當下不以為意，後來才意會到，薩馬蘭奇怕我以國際奧會委員的身分參選，到時候如果只有開出個位數的票，會輸得太慘、太難看，他希望能夠得到第一手消息，以在第一時間做最適切的因應。

國際體壇向來有一個詬病，就是各國際單項運動總會的龍頭會被現任主席把持，從來沒有挑戰現任主席進而改選成功的先例。但越不可能的事，我越要挑戰。我雖知這是一場沒有一丁點勝算的選戰，但我仍用盡全力拚搏，因為我要證明給國際體壇看看，即便是像喬德利這樣的強權，依然會有人挺身而出向他挑戰。我也要讓各國拳擊協會知道，改革拳擊是刻不容緩的，即便我的結果是壯烈成仁，我也義無反顧。

改革國際拳總的第一槍，我開下去了！

雖然我面對的是一場不可能勝選的選戰，我仍然保有高昂的鬥志。我的足跡跑遍了全世界，拜訪各國拳擊協會，抒發我改革的決心和理念，希望喚起更多有志者支持我。在合縱連橫的運籌帷幄下，我總算獲得西歐國家十二個拳擊協會的公開支持。有些國家的代表早就不滿喬德利的種種蠻橫作為，但礙於他的勢力，都敢怒不敢言，雖然不敢公開表態，卻對我視死如歸的決心和勇氣感佩不已。

一九九八年國際拳擊總會主席改選，在土耳其那坦雅舉行，喬德利雖然已經掌握所有資源，仍不敢掉以輕心，處處阻撓我。不但喝令所有與會各國代表不得與我接觸，還派人全程監視我的一舉一動。他慣用的骯髒手法，用錢買通一切的賄選手段，又在這次主席選舉出現了，他想確保自己完全的勝利。

所以選前他自信滿滿的對外宣稱：「Ｃ．Ｋ．Ｗｕ的選票，最多也絕對不可能超過十二票的。」喬德利相信，在他的銀彈攻勢利誘和強力嚇阻下，除了已經公開表態會支持我的西歐國家十二票之外，不可能會有其他國家膽敢跑票。他自認自己皇權般的主席寶座，是絕對不可能被撼動的。

選舉結果出爐，最後的結果並不意外，三十九：七十九的票數。儘管我「輸」了這場選戰，但我所獲得的票數是「三十九票」，足足比已經公開表態支持我的十二張鐵票還多出三倍以上。順利贏得主席選舉的喬德利，顯然對這個結果相當詫異與惱怒，他鐵青著臉，喝令旁邊的手下迅速離開會場，一刻也沒有多留。

當薩馬蘭奇主席獲知這個結果後，以興奮的語氣表示：「這場選戰你『贏』了！」我深知這個「贏」字是有特別的意義，因為我的得票數遠遠超過預期，我的這一槍顯然深深撼動了喬德利長久以來從未被挑戰過的皇權。我所獲得的這個票數也充分顯示，拳擊改革的力量是存在的，只要有人登高一呼，深藏在底層的改革聲浪就會奮起，再怎麼堅不可摧的強石也會被推倒的。我深信，一定會有這麼一天。

因此，在當天的敗選演說中，我依然意氣風發，一點也不像失敗者的模樣，我語氣堅定向在場所有人士發下豪語，還特別引用了二戰美國將軍麥克阿瑟最有名的一句話：「I shall return!」我將再回來。

因為，在不久的將來，我會再重回戰場，而下一次的對決，我不會再失敗。

登上拳總主席之位

時隔四年，二〇〇二年的拳總主席改選，我又陷入長考，是否要再次鼓起勇氣披掛上陣，再度挑戰喬德利的皇權。當時的國際奧會主席羅格認為時機尚未成熟，他勸我再等四年評估看看。

但二〇〇四年雅典奧運那場古巴對上泰國的決賽，卻讓我再也無法忍受。那場決賽我和挪威籍國際奧會委員共同觀賽，比賽過程中，拳擊強國古巴派出來的選手表現十分精彩，打得泰國選手節節敗退，冠軍獎牌勢在必得。但最後裁判宣布比賽結果，竟然是泰國贏。

結果一出，全場嘩然、噓聲四起。因為我又再次眼睜睜地看一場用金錢收買裁判、控制比賽結果的骯髒賽事，而且還是出現在運動競賽最高殿堂的奧運會。我痛心的向挪威籍委員說道：「如今拳擊運動腐敗至此，再不澈底改革，還給拳擊運動一個乾淨、清潔、透明的比賽，拳擊勢必走向毀滅。」

我當下做了決定，二〇〇六年國際拳擊總會主席改選，我再也不退讓，一定用盡我的生命拚搏到底，勢必找回拳擊運動它原本的面貌。

有別於一九九八年的第一次參選，喬德利這回對我的態度完全改觀，不僅行事更為謹慎小心，還處處提防我，監視我的一舉一動，想要掌握我的動靜。在世界各國舉辦的每一場重大拳擊比賽，只要知道我會參加，他一定親自來到比賽現場，就是怕我會和各國拳擊協會有什麼接觸。在主席改選前的二〇〇五年一整年當中，我們倆在世界各個角落密集碰頭，我看到喬德利的次數，簡直比我與家人見面的機會還要頻繁。

選舉布局過程真的很辛苦，在國際拳擊總會歷史上，只有我公開挑戰過喬德利，現有的全部資源都掌握在喬德利手上。在喬德利幾乎是天羅地網式的嚴密監控下，我毫無所懼，仍然走遍全球每一個國家的拳擊協會，努力奔走、傳達我的改革理念和決心，也希望透過每一次和各國拳擊協會代表見面的機會，累積更多支持我的票源。

亟思改革的聲浪在全球持續發酵。掌權多年的喬德利，向來不把弱勢小國看在眼裡，他眼中只有財大氣粗、經濟實力比較雄厚的大國。這對我來說無疑是一個好消息，

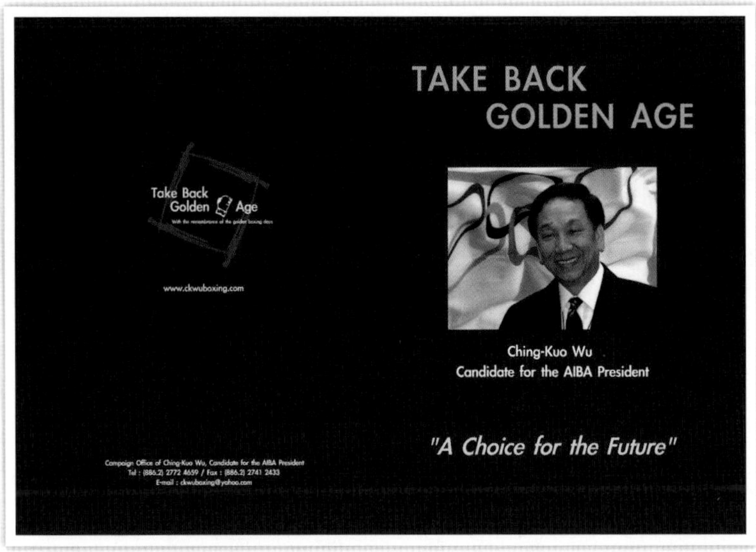

2006.07.01 競選國際拳總主席文宣手冊

如果我能充分團結小國的力量，小兵也能立大功。

在二〇〇六年中美洲運動會中，巴貝多拳擊協會會長喬伊絲·波恩就向我保證，她會集結加勒比海二十幾個國家，全力支持我參選。當我來到澳洲時，大洋洲也有十幾票公開表態會在主席選舉中支持我。越來越多國家不再畏懼喬德利的勢力，勇敢站出來挺我，情勢越來越看好，我很有信心打贏這場選戰。

決戰的時刻終於來到！二〇〇六年十一月五日，國際拳擊總會主席選舉在多明尼加首都聖多明哥舉行。為了審慎起見，這回除了太太的陪同外，擔任律師工作的弟弟瑞國也特別與我同行，以因應可能的突發狀況。

由於此番改選，整個支持我的氣勢與八年前有顯著的不同，為了壓制支持我的力量，喬德利這回竟然請出了大批穿著黑色T恤的彪形大漢，充斥整個會場，嚴密監視與阻止支持我的國家代表有任何選前造勢或宣傳的舉動，企圖威嚇我方的勢力。

即便無法做出太多的造勢行動，但我的支持者仍然用盡各種方法，把握時機宣傳我的改革政見，集結力量鞏固票源。我深信，只要有堅定的決心和毅力，改革的動力，不會被這股保守勢力阻擋，我對這次選戰的勝利充滿信心，並沒有因為黑衣人的威嚇有所動搖。

反觀我的對手喬德利，七十幾歲的高齡，還病得不良於行，坐著輪椅垂垂老已的模樣，就像遲暮的鬥士、被拔了牙的老虎般，還在做困獸之鬥。他聲稱自己不可能會被擊倒，這場選戰他勢在必得，一定能順利連任成功。除了請來黑衣人把關，製造對我的威脅，喬德利始終認為金錢萬能，錢可以買通一切，再度使出了賄選手段。但這回他的如意算盤打錯了，錢已經推不動鬼神了，亟思改革的決心大過一切非常手段。

這次主席改選除了黑影幢幢外，竟然還發生了一件離奇的凶殺案件。一名非洲國家代表在開會前二天失蹤，大家遍尋不著，最後旅館內聞到濃濃的屍臭，他竟被丟到電梯天井下，被電梯活活砸死。位於南半球的多明尼加，十一月正是酷暑，天氣相當炎熱，屍體被丟在電梯天井下，怎麼可能藏得住。多明尼加警方還在該代表房間內發現大筆現鈔，事發突然，雖經多方調查，至今仍死因成謎。但這起死亡事件卻搞得人心惶惶，我一再提醒支持我的各國代表，要特別注意自己的人身安全。我的一舉一動，也在重重保護下謹慎行事。

主席改選當天，整個會場像黑幕籠罩般，氣氛十分詭異。進入會議室的門口竟被大批頂著大光頭、穿著黑長褲、黑T恤的俄羅斯人重重圍住，氣勢十分駭人。只見他們一個個叉著雙手在會場外走動，雙眼怒視並盤查每個想要進入投票會場的各國代表，凡是支持我的代表都被刁難的要求拿出護照、出席證等證件，不然就會被擋在門外不得其門而入。

還好，國際奧會為確保這次主席改選能順利進行，特別派人來現場當觀察員，也為這次改選做了最公正的見證。在我方代表大聲抗議下，原本充耳不聞的對手，礙於國際奧會觀察員在現場，擔心事情會鬧大，不情願的打開大門，讓我方代表得以順利進場投票。這場驚心動魄的選戰，終於來到最後的關鍵時刻！想不到直至最後一刻，喬德利仍沒有放棄使用奧步，企圖影響選舉結果。眼見之前的所有嚇阻動作，都無法阻止改選的順利進行，在投票結束後，喬德利突然宣布把所有票匭鎖起來，要把它拿到另一個房間進行計票工作。

我當然不能讓此事發生，喬德利此舉分明是想要做票。我大聲抗議要在現場立即進行唱票工作，並提出由每一洲分派代表公開唱票，這樣才能確保開票的公平。大批支持我的代表，隨即大聲附和我的提議。

現場開始出現此起彼落的抗議聲，一個接著一個如排山倒海似的反對聲浪，逼得喬德利無法蠻幹，更何況現場還有國際奧會的觀察員，讓他有所顧忌，無法為所欲為。眼見一個個企圖影響選舉結果的招數都被我一一破解，最後喬德利無奈的坐在椅子上，放棄所有作為。

只見會場上放著兩個大票匭，一個是喬德利的，一個是我的。在各洲代表的監票下，一票一票的公開唱票，誰的票先唱完，誰就宣布輸了。當時我的心情十分緊張，心理壓力之大，就像有顆定時炸彈在胸口隨時要炸開一樣。我很清楚，這回若不能贏得主席改選，我不可能有再一次更好的機會。若是這樣的結果，將註定拳擊改革的失敗。我不能也不容許這樣的事情發生，我祈求上蒼，給拳擊一個重生的機會吧！

就在我向上天祈禱的那一刻，我耳邊聽到喬德利的票匭已經沒有票了，而我的票匭裡卻還有四張票，這時我的支持者已經忍不住興奮之情的跳了起來，因為這意味著，我們終於打贏這場艱難的選戰，如願帶領國際拳擊總會邁向改革之路。

當現場宣布我勝選的那一刻，全場代表起立拍手，歡呼聲簡直快要炸開整個會場。支持者全湧向我，還把我抬起來往空中拋，那種感覺就像苦練多時的足球員，最終贏得世界盃那般雀躍。

八年前，我以「三十九：七十九」的票數落敗，如今我以「八十三：七十九」的票數敲響勝利的號角，雖然僅僅贏了四票，但卻彌足珍貴。這一路走來真的很艱辛，我心中為自己能夠如願完成這個不可能的任務激動不已，腦中的思緒如萬馬奔騰般轉個不停。這個瞬間，應當是我人生中最值得回味的印記了。

值得一提的是，我在勝選後所接到的第一通電話，是當時的國際奧會主席羅格所打的。他表示自己乘坐的飛機正好在多明尼加上空，他用這個精心安排的方式來慶賀我的勝選，這是世界上最遙遠卻最貼心的祝福。他也語重心長的說：「謝謝你！你的勝選，拯救了拳擊運動！」羅格這句話，道盡了他對我改革拳擊運動的期許與厚望。

而來自世界各地的媒體和各界的恭賀、訪問電話一下子湧了進來，那幾天，我應該接了上千通的電話，嘴巴說個不停，耳朵幾乎快要長繭了，真的是太特別的感受了，沒有任何言語和文字足以道盡我內心的澎湃。

回到臺灣之後，我特別拜會了吳伯雄先生，感謝他對我的栽培。他欣慰的拍拍我的肩膀說：「我的眼光真準，真的找對人了。」我想，他大概也沒預料到，一九八二年無心插柳的推薦之舉，在二十四年後，我會長成一棵大樹，領導全世界最龐大的拳擊組織。

我與拳擊運動，這微妙的緣分，真的令人嘖嘖稱奇。或許我與拳擊運動本是命中註定，要在我人生畫布裡畫上一大筆的。

不過有件事卻在我心中始終縈繞不去，那就是喬德利在獲知敗選後的神情。他似乎難以接受這樣的結果，只見他眼神錯愕、臉色鐵青，攤坐在位子上許久，一動也不動，和周遭歡呼鼓掌的歡樂場景，彷彿是身處兩個不同次元的時空。在旁人提醒下，他如從噩夢驚醒般，呆若木雞似的和我握了握手，喃喃自語的嘟囔了幾句好似道賀的話語。

畢竟喬德利擔任拳總主席也有數十年的時間，我仍然向他表達感謝之意，並禮貌性的向他提出日後多指導、多建言的應酬話。孰料，喬德利竟開口向我提出任命他為終身榮譽主席的要求。這我當然不能首肯，我告知這需要大會通過，我不能私相授受，當場予以禮貌性的婉拒，並向他說：「您年事已高，就好好的享受退休生涯，別再煩心了！」喬德利眼見最後的目的未能達成，只好黯然離開。

2013.05.17　與國際奧會主席羅格合影（瑞士洛桑）

敗選後的喬德利一刻也沒有多留，隨即在次日一大早就趕著離開。在他離開的那一刻，除了我親自為他送別，竟沒有一位支持者陪在身旁。一個曾經在國際拳擊總會叱吒風雲半世紀的強人，下臺的那一刻竟是如此淒涼、落寞，世態炎涼至此，真令人唏噓。而那也是我最後一次見到喬德利了。

也許有人會質疑我，喬德利已經執掌國際拳擊總會這麼多年，沒有功勞也有苦勞，給他一個榮譽主席的虛位，也沒有什麼大不了的。但我深知，那是喬德利還想掌控拳擊的最後一個手段，只要腐敗的舊勢力還存在，改革的路子就會變得寸步難行。比起這些人情事故，改革拳擊的工作是我必須優先考量的選項。就算要我成為箭靶，承擔這個不顧人情的罵名，我也必須這麼做。

這場選戰還有一個插曲。

原本當年的主席改選，除了我和喬德利，還有另一位烏茲別克的參選者加弗爾·拉西莫夫。選前我特別和加弗爾懇切研商、曉以大義，告訴他：「如果我們兩個人都執意參選，將無法順利推翻喬德利政權，最後還是會讓喬德利漁翁得利。唯有我們合作，集中火力，才有可能最後的勝利。」

由於當時情勢看來，我的贏面比較大，加弗爾被我誠懇的態度說服了，在最後一刻公開宣布退選，並要求他的支持者，全部轉而投票給我。

然而讓我萬萬沒有想到的是，十一年前，我和加弗爾兩人的共同決定，促成了拳擊改革力量的團結、勝利，推翻了喬德利腐敗政權；十一年後，加弗爾卻成為改革最大的絆腳石，集結腐敗舊勢力，發動非法政變，讓好不容易洗心革面、有一番新氣象的拳擊運動，走向自我滅亡的未來。

① 2014.11.14　三度當選國際拳擊總會主席（韓國濟州島）
② 2015.11.25　中國拳擊英雄頒獎典禮（中國北京）

2007.08.31　受邀出席亞塞拜然青少年拳擊錦標賽（亞塞拜然巴庫）

2007.10.30　2007 國際拳總世界拳擊錦標賽期間，邀請拳王荷力非爾德觀賞拳賽（美國芝加哥）

① 2009.01.10　亞洲拳擊總會臨時會員大會，伊朗拳協主席請示吳經國相關事務（中國三亞）
② 2007.04.05　應邀出席泰皇盃拳擊錦標賽（泰國曼谷）
③ 2007.10.23　2007 國際拳總世界拳擊錦標賽，拜會芝加哥市長（美國芝加哥）
④ 2007.06.04　出席第 24 屆亞洲拳擊錦標賽（蒙古烏蘭巴托）

2014.09.17　國際拳總拳擊學院（哈薩克阿拉木圖）

第二部：國際拳總的黃金十年

- 馬不停蹄的改革
- 裁判的改革
- 在北京奧運阻止一場重大裁判舞弊
- 成立拳擊學院
- 開創新的女拳時代
- 「HeadsUp!」抬起頭來打
- 職業拳擊選手進入奧運會
- 異業結合，開拓拳擊商機
- 十一年改革基業毀於一旦

勝利的果實真的很甜美，但我心中的喜悅並沒有維持太久，因為，沉重的擔子這一刻才要啟動，前方有太多太多艱難的任務和挑戰等著我。

國際拳總長期以來的腐敗，已經讓國際體壇和拳擊選手失去信任，也讓愛好拳擊運動的觀眾澈底絕望，甚至已經嚴重波及到它在奧運會正式比賽的地位，若再不澈底改革，就可能會被國際奧會除名。

在這種危急存亡之際，接下國際拳總主席這個重責大任的我，首要之務就是讓大家恢復信心，澈底改造國際拳總及拳擊運動的形象，重新擦亮國際拳總的新招牌，讓拳擊運動以乾淨、清新、公平的面貌，重現世人眼前。

馬不停蹄的改革

改革的腳步沒有因為勝選而怠惰，當選後的第一項工作，就是一場馬拉松式的超長會議。為了讓之後的改革工作能夠順利推展，我必須把制度和人脈先建立起來，改革會議一直從下午四點開到次日上午七點，全面檢視並澈底檢討國際拳總過去的所有缺失。

做為一個國際拳總的新任掌舵者，我如何能在最短時間內，讓外界可以感受到國際

2007.10.12　出席俄國與歐亞聯隊拳擊對抗賽，開幕致詞（俄羅斯莫斯科）

拳總的改革是來真的，不是說說而已。不但要全力推動大刀闊斧、大破大立的改革，還要能夠立即展現改革績效。讓國際拳總徹頭徹尾改頭換面，就是我眼前最迫切的任務。

不可諱言，眼前局勢是險惡難行的，國際拳總被舊有勢力把持太多年了，要有效剷除這股勢力，得要非常手段才行。

面對這個積弊已深、早已被國際體壇冠上不信賴標幟的組織，此刻唯一能做的，只有打掉重練，將舊勢力連根拔除，國際拳總才能浴火重生。

我急迫需要能夠洞見癥結的專業人士，協助我診斷國際拳總病入膏肓的病灶，並提出可以立竿見影的處方來解救拳擊運動。因此，我特別聘請優秀的經營管理專業人士成立改革委員會，期盼藉由外部專業人士客觀超然的觀點，來一舉掃除國際拳總百病叢生的現況。

經過澈底檢視和討論後，改革委員會洋洋灑灑的列出了眾多改革項目，其中最緊迫的，就是「賽事品質的提升」，必須是國際拳總第一波改革的首要重點。這個觀點和我原先勾勒的改革藍圖不謀而合，我認為，當前唯有讓拳擊擂臺變成真正的乾淨、清新、公平，讓比賽變得精彩好看，拳擊運動的改革才有希望。

為了達成這個目標，改革委員會還進一步提出了包括加強裁判培訓及道德操守、改善比賽制度及計分方式、維持比賽公正性、研發改進拳擊選手配備及安全配套措施、規劃女子拳擊為奧運會正式比賽項目、與國際企業合作強化拳擊市場推廣行銷……等等，林林總總計有五十大項，都是為提升拳擊運動必須要努力推動的改革重點。

而在隔年的國際拳總會員大會中，整個改革計畫獲得全體會員國無異議表決通過，顯見大家冀望國際拳總改頭換面的期待有多麼殷切。有了會員國的全力支持，我便正式開啟大刀闊斧的改革之路。

我必須要說，這條改革之路真的是相當寂寞且辛苦的，每一項改革工作都是極為困難的挑戰，每一項改革計畫都充滿了阻力。為了達成目標，我必須不斷的奮戰。許多旁人看似不可能的任務，最後，我都一個又一個把它完成了。

我深深為這個團隊感到驕傲，在大家眾志成城、齊心協力下，國際拳總只花了短短五年，就完成了裁判重新培訓遴選、女子拳擊成為奧運比賽正式項目、拳擊學院成立、國際拳總增加職業拳擊賽事……等五十項重大改革，我可以很自豪的說，在我的字典裡，沒有「不可能的任務」這個說辭。

裁判的改革

我始終覺得，一場比賽，裁判是最重要的靈魂，也是掌握勝負的關鍵。如果裁判操守有問題，可以被金錢或其他不正當的方式收買，那麼比賽結果就會流於人為操控，運動員的努力和實力都變得一文不值，這樣的比賽還有什麼可看性呢？

一場運動比賽的價值，就在於運動員所展現的實力、耐力與運動家精神。如果每一場比賽都是經過人為精算、操控下的結果，這是對所有付出汗水的運動員與前來觀看比賽、為選手加油的觀眾最大的侮辱。唯有還給選手和觀眾一個公平、公正且真正好看的

2012.01.13　拜會土耳其運動部長 Mr. Suat Kılıç（土耳其伊斯坦堡）

拳擊擂臺，才能找回大家對拳擊運動的熱情與信心。

長久以來，我看著拳擊運動在喬德利的操控下，一再用金錢買通裁判，控制比賽結果；一再用骯髒的手法，凌辱這項高貴的運動，我的心在淌血、落淚。如今，我費盡千辛萬苦，終於拿到了改革拳擊運動的權柄，第一個要開刀的，就是「裁判」。

不論是哪一種運動，尤其是涉及評分項目的，不免會發生因裁判個人因素或好惡，左右比賽結果的不公平現象，尤其拳擊又是一項高張力且極度激烈的比賽。在我觀賞過的拳擊比賽中，早已領教過各式各樣不同型式的爭議場面，如何透過更嚴格、公平的制度，以及更精準的判決模式，將所有可能造成爭議和判決不公的因素排除，是國際拳總一直在努力的目標。

為了讓比賽更加公平、公正，必須從制度面著手。因此，我成立技術委員會，研擬更適合拳擊運動的比賽規則，將人為操控的可能性降至最低。為提升拳擊賽事品質與運動員的權益，技術委員會提出一項革命性的作法，那就是捨棄傳統依賴人力裁判心證模式的計分方式，更改為職業拳擊慣用的十分制電子計分，讓比賽計分更透明，也可以改善過去層出不窮的舞弊問題。如此一來，裁判有所依循，就比較不容易落入人為操控、判定的舞弊。

除了採取電子計分外，日後的拳擊比賽，五位裁判的評分中，最高與最低分將不予採計，如此即可杜絕人為操控的可能。

解決了裁判不公和比賽辦法不周全的弊端後，選手和觀眾才會對拳擊運動恢復信心，比賽的公平、公正才會獲得保障。

在北京奧運阻止一場重大裁判舞弊

在各會員國拳擊協會的通力合作下，我們透過制度的建立，確實在裁判公正執法與防範舞弊上，有了顯著的成效。在我接任國際拳總十一年來，拳擊擂臺上的爭議、舞弊事件已大大減少，拳擊運動重現它高貴、清新的風華，應該就在眼前。

然而，我似乎對人性太過樂觀。我原本以為，仰賴完善的制度和嚴厲的懲罰，應該可以杜絕一切的不法和人為缺失；卻忽略了刻意運作的舞弊，竟然是如此防不勝防。

二〇〇八年北京奧運會，全世界的焦點都關注在這場首度在中國土地上舉辦的重大體育盛事。殊不知一場極為驚險的重大醜聞，差一點就在當年的奧運會上發生，我成功阻止了拳擊擂臺上極為嚴重的裁判集體舞弊事件。

就在北京奧運會正式開幕前三個月，國際拳總高層向我密報，表示有幾位國際拳總執行委員正在波蘭密會，密謀一場裁判集體舞弊，他們計畫收買裁判，藉此操控北京奧運會所有拳擊比賽的結果。根據密報，至少有一半以上的裁判已經被收買了。

聽聞此事我大為吃驚，也十分惱怒，想不到我選上國際拳總主席才不過一年多，改革才剛起步，就有人耐不住性子，想挑戰我對裁判舞弊、收賄這些惡習的容忍度。但我隨即冷靜下來，告訴自己千萬要沉住氣，因為此事影響實在太大，我不能打草驚蛇。

於是我充分用這三個月時間，把事情的來龍去脈和對手的動向、策略搞清楚，我必須不動聲色做全盤了解，想好因應對策來面對這個危機。我首先向國際奧會主席羅格報告此事，羅格聽了十分緊張，一再叮嚀我審慎處理，務必要預防醜聞發生，以確保北京奧運會順利進行。

經過我的祕密調查，這場舞弊事件，主謀者企圖透過賄賂裁判，來掌控北京奧運會期間所有拳擊比賽的結果。在全盤掌握這件舞弊事件的情況後，我耐著性子，祕密布好局，就等著他們露出狐狸尾巴，一舉讓所有舞弊事項罪證確鑿。可笑的是，這幫人還自以為神不知鬼不覺的掌控全局，開心的數著大把鈔票呢！

在北京奧運會開幕前，我已經確實掌握所有被收買的裁判名單，但我仍刻意集合每一位執法裁判進行精神喊話，要求他們務必要公正執法，確保比賽不會有任何差錯。雖然知道裁判的舞弊行為不會因為我的這番話就喊停，但我內心仍暗自期待，有更多被收買的裁判良心發現主動自首。

比賽開始後，我嚴密監督每一場比賽，凡是名字列於被收買裁判名單者，在賽前就會先被剔除，沒有執法機會，每一個被收買的裁判，都無法上場執法，比賽因此順利進行，沒有出現任何舞弊、爭議的情況。

在國際拳總相關人員處理得宜的情況下，我們成功粉碎了一次可能在北京奧運會發生的重大醜聞。結果那些想要用錢來奪牌的國家，竟然統統都輸掉比賽，沒有一位選手晉級。

其實，在各種會議和大大小小的比賽中，只要有機會，我都一再宣示我對裁判的貞操是「零容忍」。任何一丁點的舞弊情事都是比賽中所不能出現的瑕疵，只要發現確切事由，嚴重者一律採取最高道德標準的處罰，那就是「取消資格」。在我就任主席的十年當中，我毫不留情的開除了許多裁判，為的就是希望所有裁判都能引以為戒，時時警惕自己，堅守裁判的貞操。

但是，再怎麼三令五申的宣告，仍不免會有人以身試法，挑戰我對此事的容忍度。在二〇一六年里約奧運會的拳擊判決爭議事件中，經過國際拳總調查委員會的調查結果確認，有多位裁判和技術官員涉入舞弊。凡是涉入此次舞弊情事的裁判，都被我下令開除。這個事件對國際拳總無疑是一項重創，我們努力這麼久的改革形象，在這一刻被嚴重踐踏。

成立拳擊學院

要讓拳擊運動改頭換面、重新出發，不能端賴比賽的舉辦來達成。

成就一場精彩的賽事，必須仰賴各個環節的配合，其中，人才的培育是主要關鍵。過去，大家都鮮少提及與拳擊運動相關的各專業人士，拳擊運動的推展也欠缺專業化與制度化的建構，在人謀不臧的情況下，拳擊賽事就很容易流於人為操控，而被貼上骯髒運動的標籤。

要洗去這個污名，就必須從源頭開始革新。有鑑於此，國際拳總特別在二〇一〇年九月於哈薩克成立「拳擊學院」，要將其打造成為全球拳擊運動的發展重鎮。

拳擊學院設有最先進的訓練設備和教育課程，將針對教練、裁判、技術官員、醫生、傷勢照護員等，舉辦專業的訓練課程與認證。像是拳擊訓練和裁判等專業人士的考試，就有必要統整，予以統一化與制度化。

尤其是攸關拳擊比賽勝負、執掌生殺大權的裁判，更必須接受標準化的訓練，才能有效落實各項賽制和規定，在評判時能果決、精準的做出公平的判決。

拳擊學院擔負著提升與推展拳擊運動各個環節專業人才的培育與訓練，責任十分重

2014.09.17　赴哈薩克主持拳擊學院開幕典禮（哈薩克阿拉木圖）

大。除了在哈薩克所成立的世界級拳擊學院外，我也期盼日後在各大洲都能成立拳擊學院，做為培養教練、裁判、選手與醫護人員等專業人才的主要基地。

如此一來，拳擊運動在全世界的推展，就能夠有統一化的制度可以依循，如此拳擊運動的水平才能得以提升，拳擊運動的推展才能走得紮實、穩定且長遠。

開創新的女拳時代

兩性平等議題在各個領域都相當受到關注，是大家公認的普世價值，運動也不例外。每四年一次的奧運會發展至今，男性與女性選手的比例已接近平衡，目前在奧運會的各個項目中，女性運動員的比例，更已達到百分之四十八點七，足以與男子運動員並駕齊驅。

很遺憾的，在奧運會長達百年歷史發展中，每一個運動競賽項目皆有女子選手參與，唯獨拳擊這項古老的運動項目，卻是奧運會唯一一項全男性的運動項目。

這個極為不平等且不合時代潮流的舉措，一直到二〇一二年倫敦奧運會才被打破，正式開啟女子拳擊選手登上奧運會拳擊擂臺的新紀元。這項改革雖然來得有點晚，但也是費盡好大一番心力，才突破重重難關達成目標

文獻上最早的一場女子拳擊比賽記錄，據說是在一八七六年，於美國舉行的一場女子拳擊比賽。女子拳擊運動也只有唯一一次在一九〇四年的聖路易奧運會中被列入表演賽，之後大多因為國家禁令，女子拳擊的發展始終停滯不前。雖然後來有少數國家開始發展女子拳擊，但在保守勢力的阻撓下，奧運會的正式比賽項目，始終沒有女子拳擊的

棲身之處。

在我接任國際拳總主席之後，將女子拳擊納入奧運會正式比賽項目，就成為刻不容緩的重點改革項目。

在我看來，實在找不出任何理由來阻撓女性運動員在拳擊運動上的發展。我始終覺得，女子拳擊是美麗與魅力兼具，女生打拳更保有一種屬於女性高尚的品格及修養。現代兩性平權的倡導，早已跳脫女性就是比男生柔弱的制式觀念和形象，那些老是要求女生必須溫柔婉約、端莊賢淑的傳統言論，實在是太落伍了。

還有一個弔詭的情況，那就是奧運會發展至今，女性運動員在所有奧運會比賽項目的優異表現，從來沒有被人用異樣眼光來看待，就唯獨在女子拳擊運動的推展，總像是有一道看不見的隱形障礙，一直在阻撓。也許在這個以男性為主體的國際奧會大家庭裡，想要突破這樣的傳統窠臼，確實有一定的難度。是時候該注入一些新潮且合乎時代脈動的思維，進入國際奧會了。

事實上，我在極力推動女子拳擊進入奧運會的過程中，確實有少數國際奧會執行委員仍存有刻板印象，質疑女子打拳形象不好，對於這項提議持有負面看法。我則一再向他們保證，女子拳擊絕對比男子拳擊更有可看性。因為，女生打拳拳法精準，打拳模式很嚴謹，絕不濫打、亂揮，更能夠把拳擊運動力與美的展現發揮到極致。再加上女拳選手受訓態度認真、紀律高，可說是拳擊這項高貴運動的最佳代言人。將女子拳擊納入奧運會正式比賽項目，不但能體現國際奧會推動兩性平等的崇高願景，更大大增加奧運會的可看性。

爭取女子拳擊成為奧運會正式比賽項目的決議，二〇〇九年二月在義大利米蘭國際拳總執委會中通過；並於二〇〇九年八月十四日，由國際奧會主席羅格在柏林正式宣布，將女子拳擊列為二〇一二年倫敦奧運會正式比賽項目，屆時會把男子拳擊從十三個量級撥出三個量級給女子拳擊。

我認為，能夠在現代拳擊發祥地的英國，讓女子拳擊得以在二〇一二年倫敦奧運會初登板，所代表的歷史意義格外不同。我很欣慰，國際奧會這個大家庭能夠伸出雙手，接納女子拳擊這項運動，這也象徵奧運會體現兩性平等的重要里程碑。

事實證明，我是有先見之明的。在二〇一二年倫敦奧運會中，女子拳擊比賽現場每天都坐滿了觀眾，票房和收視率不斷開出紅盤。與其他運動項目相比，其精彩度有過之而無不及，轉播收視率更是名列前矛。女子拳擊引起的話題也最受到關注，可以說是國際媒體矚目的焦點。

2012.08.09　倫敦奧運，英國籍 Nicola Adams 贏得女子 51 公斤級冠軍，成為史上首位奧運女子拳擊冠軍。

只見女子拳擊擂臺上，選手們堅韌又美麗的姿態與身影，早已擄獲滿場觀眾的心。女子拳擊比賽現場，爆滿的觀眾不斷拍手叫好、踏腳歡呼，用最直接的情緒和肢體語言，表達他們對這項比賽的熱愛。

值得一提的是，締造奧運會百年歷史上第一面女子拳擊金牌的，正是女子拳擊五十一公斤級的英國選手妮柯拉．亞當斯，這項紀錄真可說是意義非凡的美麗巧合。

我為每一位女子拳擊選手精彩、亮眼的表現，感到十分驕傲。她們用自己的實力，創造了新的「女拳時代」，也為拳擊這項古老運動寫下一個歷史新頁。

不過，奧運會女子拳擊改革的目標仍尚未完成，目前奧運女拳僅僅只有三個量級比賽，與男子十個量級相較，仍有很大的差距。我希望在二〇二〇年東京奧運會，至少將奧運女拳提升到五個量級的比賽，終極目標則是將十個量級全部推進奧運會，讓奧運女拳與奧運男拳平起平坐，這才是真正的體現兩性平等。

我甚至樂觀的規劃，以女子拳擊運動如此高水準、高人氣的展現，納進職業運動，當是指日可待的美事。

只是，這一切創時代的改革倡議，在我離開國際拳總之後，很可能都將化為烏有。我很擔心，好不容易才有機會開始發光發熱的女拳運動，可能只有短暫的璀燦光芒，日後的命運會如何？真的很不樂觀。

「HeadsUp!」抬起頭來打

拳擊運動之所以吸引人、好看，最關鍵的要素，就是在拳擊擂臺上，兩位選手近身肉搏的對峙中所展現的力與美。不論是選手在對戰時所呈現出美麗的肌肉線條和張力，抑或是出拳時的姿態和力度，還有臉上為求勝利的奮戰神情，以及為了和對手拚搏，盡情揮灑的汗水，這一切，都會讓在場觀賽的觀眾熱血沸騰。因為，拳擊的魅力是如此激勵人心。

不過，傳統的業餘拳擊，以保護選手頭部為由，要求所有拳擊選手上場時必須佩戴頭盔應賽。這項保護措施的最大缺點，不但讓觀眾看不清楚臺上選手的表情，反而讓所有原本足以吸引觀眾前來觀賞拳擊比賽的最大賣點，在包著頭盔的阻礙下，大大打了折扣，拳擊比賽的可看性也大大降低。

我一直在思索，頭盔真的是拳擊選手的護身符嗎？拿掉頭盔真的會對選手造成無法彌補的運動傷害嗎？為什麼職業拳擊選手比賽時不戴頭盔，卻要求業餘拳擊選手非遵守規定不可？若真的有運動傷害，不論是職業或業餘都無一倖免才合理，怎會不同調呢？一連串的問號和疑惑在我腦子裡打轉，我需要科學的專業驗證，來說服我接受這一切傳

2015.10.08　2015 國際拳總世界拳擊錦標賽（卡達多哈）

統規定。

為此，我要求國際拳總醫療委員會，針對頭盔對拳擊選手的影響，做長期且深入的研究和分析，務必提出專業且精確的醫學報告。而我的真正目標，是要開始推動「HeadsUp!」（抬起頭來打）全球性的拳擊運動改革計畫，讓選手可以拿掉頭盔，在擂臺上，來一場真正的拳擊對決。

當然，這項改革的成敗與否，最後仍必須取決於嚴謹的醫學研究結果。選手的健康與安全，一直是我最在乎的，如果單單只是為了讓比賽變得更精彩有看頭，而忽略了選手最要緊的人身安全，那就是本末倒置了。

「拿掉頭盔」這項改革，不能單憑我國際拳總主席一人毫無醫學和科學佐證的命令，我們必須拿出一個能夠說服各界，尤其是醫學界，強而有力、有醫學根據的數據，改革才有可能成功。

確立推動「HeadsUp!」改革計畫後，國際拳總隨即選定各個量級的拳擊比賽，進行有頭盔和沒有頭盔的對比交叉分析，最後蒐集了多達一萬二千多筆資料，經過大數據的科學研究和嚴密分析，竟然發現，戴頭盔這項原本立意良善的舉措，根本不能真正保護拳擊選手。

研究顯示，戴著頭盔的選手，視野因為頭盔的佩戴反而有侷限，不能靈活擺動、閃躲。再加上大部分的拳擊選手自以為多一層頭盔的保障，反而在本能上輕忽對頭部的保護，讓對手攻擊頭部的機率因此變多了。更令人吃驚的結果是，多一層頭盔的阻力，一旦選手頭部遭到重擊，會因為震波傳送效應，造成腦部更大的傷害。原來，傳統自以為是的保護措施，經過科學驗證，竟然是造成選手受傷的元凶。科學數據證實，拳擊選手不佩戴頭盔，其實更安全。

即便我們已經提出完整且詳盡的醫學研究數據，但要能夠獲得國際奧會的認可，這項改革才能付諸實行。面對國際奧會醫學委員會的龐大壓力，這個關卡實在不容易。

要說服醫學大老的舊思維，是個極為艱辛的任務。我們一再的拿出各項研究數據和結果，和醫學界不斷對抗、辯論，期盼能成功說服他們接受新觀念。好在國際拳總醫療委員會的研究結果完美無缺，說服了原本態度十分不友善的國際奧會醫學委員會成員，他們找不到任何理由來反駁我們，最後認可了「HeadsUp!」這項改革計畫。

國際奧會醫學委員會的背書，讓這項改革變得很有希望。接下來，就只剩下國際奧會執委會這關，業餘男子拳擊的新時代，就可以實現了。

我特別在國際奧會執委會討論此案時，親自上陣解說，會中仍有少數執行委員擔心此舉會增加奧運會運動風險而有疑慮。我除了提出各項研究結果及大數據的拳擊選手實戰分析，在在都驗證，少了頭盔的沉重限制，反而使選手頭部受傷的機率減少了。

我進一步指出，在拳擊擂臺上，沒有頭盔的遮蔽，選手的觀察視野變廣了，不再只是一股勁兒的低頭悶打，可以抬起頭來更快速的反應閃避。也因為少了頭盔護頭的預期心理，拳擊選手會反射動作似的用手擋住對手的拳頭，再配合身體快速的移動閃躲，頭部被對手攻擊的機率，反而是大大減少。

選手在沒有佩戴頭盔的情況下，反應變靈活了，不論是攻擊方的出拳，抑或是防守方的閃躲移動，都比戴著頭盔時還要敏捷、快速，比賽節奏因此更為流暢，大大增加比賽的可看性。對選手和觀眾來說，少了頭盔的新作法，只有加分，沒有負面影響。

除了理性的科學驗證，我同時採取感性訴求。我以國際拳總主席的身分，代表所有拳擊運動員，向在場執委請命，請他們好好想想運動員的實際感受。因為選手在上場時所佩戴的頭盔，往往沒有充裕的時間可以仔細消毒、清潔，常常是異味十足，滿是濕淋淋的汗水。佩戴這樣的頭盔，衛生堪慮，遵守這樣的陋規，運動員更是苦不堪言。

終於，我懇切的態度，理性與感性的雙重訴求，獲得在場國際奧會執委會委員的認同與接受，以全票通過這項「HeadsUp!」全球性的拳擊運動改革計畫，並率先在二〇一六年里約奧運會男子拳擊比賽中，以全新風貌展現。

「HeadsUp!」全球性的拳擊運動改革計畫，在國際體壇和國際媒體，一直都有相當熱烈的討論。果不其然，二〇一六年里約奧運會，媒體就紛紛以「重砲登場」，來預告拳擊賽事的精彩可期。

而我最關心的選手安全問題，也在當年的里約奧運會中，再度證明國際拳總所做的改革是禁得起檢驗的。原本醫學界所擔憂選手腦部受傷的風險，結果里約奧運會期間多達二百七十三場比賽，都沒有出現選手因腦部重擊產生的腦震盪運動傷害，顯見摘掉頭盔是一項正確的決定。實戰證明，拳擊選手不戴頭盔更為安全。

2016.08.10　HeadsUp!-2016 里約奧運男子拳擊，不戴頭盔。

各項數據也顯示，摘掉頭盔之後的各大拳擊比賽，都沒有出現選手因頭部受到重擊而受傷的案例，那都是因為國際拳總為提升拳擊選手所做的各項安全保障，發揮了最大的效果。

為了強化拳擊選手應賽時的安全，國際拳總還持續針對拳擊選手的各項配備進行更先進的研發。其中有一項高科技材質的手套特別神奇，拳擊選手在出拳時，大部分的力道和衝擊力，在出拳瞬間就會被手套直接吸收，所以使用這種手套，即便選手當下被擊中頭部時，只會感覺短暫的痛楚和暈眩，卻不會因此受傷。由於拳擊比賽只要出拳擊中對手，就會被判定有效得分，比賽的精彩度不減，但拳擊選手的保障卻更周全了。

我雖然不斷想點子讓拳擊比賽變得更精彩、

更好看、更刺激，但選手的安全，永遠是我心中的第一考量，任何情況都不能被取代。善用高科技研發更精良的拳擊相關配備，提供給拳擊選手更安全的保障，是國際拳總一直在革新努力的重點目標。

有趣的是，職業拳擊選手反倒是成為「HeadsUp!」這項改革唯一的反對者，因為少了頭盔的束縛，業餘拳擊也變得和職業拳擊一樣好看，甚至更有看頭了。

提升拳擊運動的點子，在我的腦袋裡成天轉個不停，就像文思泉湧的作家，靈感一個又一個出現。

完成了「摘掉頭盔」這項革命性的創舉後，我把心思又放在拳擊男選手的衣服上。既然我們可以拿掉頭盔，為什麼不連背心也把它脫掉，讓近身搏鬥的拳擊擂臺，變成更刺激、好看的赤身肉搏戰？

我始終覺得，職業拳擊之所以如此吸引人，除了賽事的高水準精彩可期外，拳擊選手就像演員一樣，裝扮是很重要的要素。每每觀賞精彩拳擊賽事時，我都不禁要為拳擊擂臺上選手完美的身體線條所著迷，他們裸著上身施展拳擊動作時的姿態，真的把拳擊運動的力與美做了最完美的詮釋。如果能夠把頭盔、上衣這些束縛統統都拿掉，就可以讓每一位拳擊男選手，以最棒的姿態在拳擊擂臺上盡情揮灑。

此外，推動拳擊運動改革的過程中，我也發現到，拳擊運動是一項激烈衝突，且必須在很短的時間內，快速判定比賽結果的比賽模式。然而在各國拳擊協會的努力下，拳擊選手實力都有很大的進步，比賽過程中已不如以往有很大的懸殊差別，勝負可以當下立判。

事實上，傳統業餘拳擊賽程設計，顯然難以因應實際的拳擊發展現況。以目前三回合、每回合三分鐘的賽制進行比賽，確實已經產生因選手實力過於相近、對戰時間過短，難以分出高下，以致最後選手分數差異太過微小，偶爾有裁判評判不公，輸贏不易判別的爭議產生。

在賽程設計上，國際拳總提出了一項改革，計畫延長選手的對戰時間，從三回合增加到五回合。如此一來，選手除了爆發力的展現外，還需有足夠的體力和耐力。要如何調配自己的體能，在進攻和防守之間的戰術要如何靈活運用，在在考驗選手的智慧。

因為拳擊比賽不是單靠蠻力就能贏得，除了一往直前的勇氣，還有賴聰明的腦袋才能取勝。比賽時間變長了，可能的變數就增加了，選手的訓練必須更紮實才能取得勝利，孰勝孰敗，立馬見真章。裁判的爭議少了，比賽的精彩度又得以提升，我認為，這是一項利多的改革目標。

不論是男選手脫掉背心，或實施延長賽制五回合，這一連串有利於增加拳擊賽事精彩度的變革，如果一切推展順利的話，二〇二〇年東京奧運會，將可以看到一個全新風貌的拳擊賽事。拳擊運動的改革尚未完全成功，我還有許多革新計畫即將付諸實行。

令人遺憾的是，這一切，在國際拳總主席的鬧劇落幕後，都將變為空談。縱使心中有萬般無奈和遺憾，也只有放下了。

職業拳擊選手進入奧運會

任何一種運動都一樣，運動選手年限是有侷限的，如何讓以自己運動長才為專精，並將其視為謀生能力的業餘運動選手，能夠獲得生活保障，進而創造事業巔峰，職業運動的晉升，是許多運動選手努力的目標。而有能力在職業領域打下江山的職業選手，卻不一定有機會能拿下代表體育殿堂最高榮譽的「奧運會金牌」，拳擊運動就是如此。

我努力創造一個舞臺，為職業選手建立一個媒合的途徑，讓他們在合理的制度設計下，有機會進軍奧運會。創造新賽制，讓業餘選手有更寬廣的發展空間。這項讓業餘拳擊與職業拳擊充分接軌，也讓職業拳擊選手有機會搶進奧運會大門，一個可以製造多

2011.05.07　首屆世界拳擊聯賽決賽

贏、創造利多的革新作法，率先在國際拳總的改革計畫中，付諸實行了。

世界拳擊各大大小小的相關組織相當多，國際拳總成立於一九四六年，一直是國際奧會唯一指定管理的官方組織。雖然過去國際拳總弊端叢生，收買裁判，造成裁判執法不公的舞弊情事時有所聞；內部也因為管理不當及資金混亂腐敗至極，不僅喪失了國際體壇的信任，還一度成為國際奧會的黑名單。但我在當選國際拳總主席之後，就立定一個雄心壯志，那就是我要把國際拳總的招牌重新擦亮，讓國際拳總成為全世界地位最崇高、最多人支持的拳擊組織。

2011.08.01　宣布成立國際拳總職業拳賽（APB）

歷經這幾年來的努力，國際拳總在二〇一六年七月有了革命性的突破，那就是國際拳總的會員國數量正式突破二百大關。這個數字代表國際拳總登上一個歷史性的指標，也代表拳擊運動在世界體壇的重要性。因此，國際拳總有一個重大使命，那就是要成為拳擊運動推展的領頭羊。

我認為，拳擊運動要能立足全世界，賽事的精彩、好看是最主要關鍵。為此，國際拳總把原本多頭馬車且凌亂的拳擊賽事做了系統性的整合及設計，全新風貌的拳擊賽事有三大體系，分別是：國際拳總公開賽（ＡＯＢ）、世界拳擊聯賽（ＷＳＢ）、國際拳總職業拳擊賽（ＡＰＢ），這三大拳擊賽事均為奧運積分賽。

而ＷＳＢ和ＡＰＢ這兩項賽事，則是我選上國際拳總主席後全新規劃的新賽事，都是為整合奧運賽事及職業拳擊賽事所創立的國際頂級職業賽事。這三大賽事也是國際體壇唯一可以讓運動員既保留奧運會資格，又能參加職業比賽的拳擊賽事。

業餘運動員的最大隱憂，就是一旦欠缺政府的補助，會生計斷炊，無法全力精進自己的運動長才。我認為，要讓一個優秀的運動員有全力發展的舞臺，就是把他帶到職業比賽中磨練，如此一來，運動員可以靠自己的能力賺取應得的報酬，拳擊運動在更多好手加入後，比賽質量提升，也更有可看性。如何創造一個更有利的環境，讓更多優秀的業餘拳擊選手加入職業拳擊，是國際拳總賽事改革的重點目標。

目前在拳擊界的職業拳擊組織和比賽五花八門，也各自打下一片山頭，但我對於國際拳總所規劃的世界拳擊聯賽卻感到相當自豪。長期關注職業運動的人都知道，職業運動員的生涯很短暫，尤其是拳擊擂臺，更是近身肉搏的殘酷舞臺，一旦打得不好，很容易就會被淘汰。而根據職業拳擊的規則，拳擊運動員一旦加入職業拳擊後，就不能走回頭路再回到業餘拳擊圈子了。對職業拳擊選手來說，這樣的結果太嚴苛了，一點保障都沒有。

為此，國際拳總特別和全世界最大的運動經紀公司IMG合作，共同打造了一個新型態的職業拳擊比賽體系——WSB世界拳擊聯賽。這項賽事的設計完全顛覆傳統，一改過去拳擊單打獨鬥的個人競賽模式，而是一個以「城市」為主軸的團體對抗賽。

就如同一般人所熟知的美國職業籃球NBA或美國職業棒球MLB，該球團也是以城市為名。職業運動打著城市的旗幟，將可透過賽事的舉辦，打響城市的名號。而比賽城市從比賽的門票收入和販售所屬拳擊團隊各項周邊商品，也是商機無窮。更重要的是，這項賽事讓職業拳擊選手多一條發展的路子可走。

和WSB簽約的拳擊選手，每個月可以有固定收入，生活有保障無後顧之憂。國際拳總也要求加入WSB聯賽的運動員，必須先與本國拳擊協會簽約。至於參加WSB聯賽的城市，在選中運動員後，也必須與該運動員所屬的協會簽約。透過這樣的機制，可以讓辛苦培養出優秀拳擊選手的各國拳擊協會得到基本的回饋和支助，也讓各國拳擊協會有足夠的資源，培養出更多優秀的人才。這是一種對運動員權益和各國拳擊協會發展，都可達到互助互利的雙贏模式。

國際拳總所規劃的另一項重大賽事，就是國際拳總職業拳擊賽（APB），它的出現將與全球知名的WBA、WBC等職業拳擊分庭抗禮。但是國際拳總的APB與一般

2010.09.19　世界拳擊聯賽（WSB）簽約儀式（美國邁阿密）

的職業拳擊，在設計、規劃上有很大的不同。本著從保障運動選手權益為首要考量的出發點，運動員在與APB簽約後，立即可以拿到基本簽約金，每個月也和參加WSB職業聯賽拳擊選手一樣，都有固定薪水，生活可以獲得保障。職業拳擊選手在此前提下，有餘力來精進自己的實力，亦有利於延長運動員的發展年限。

讓全世界最傑出的運動員都能夠進入奧運會殿堂，一直是國際奧會推展奧運會的目標。但目前四大職業拳擊組織，卻都明令禁止旗下選手參加奧運會，無形中也扼殺了運動員為自己創造榮譽的機會。

國際拳總透過合理的賽事規則，無論是參加ＷＳＢ、ＡＰＢ或其他職業拳擊組織的選手，都可以參加奧運選手資格賽事，獲得進軍奧運會拳擊賽事的門票。前進奧運會的路途，職業拳擊選手和業餘拳擊選手一樣，沒有捷徑也沒有特權，要拿到這張門票，大家都要遵守既定的遊戲規則才可以。

在二〇一六年里約奧運會中，職業拳擊選手打進奧運會的大門，第一次被打開。原本大家預期，在職業拳擊選手加入競爭後，業餘拳擊選手勢必潰不成軍，一定會被修理得很慘。

想不到參加奧運會資格賽的二十位職業拳擊選手，最後只有三人晉級。顯示國際拳總旗下長期培育的業餘拳擊選手，在紮實的訓練下，以過人的體力和速度，漂亮的擊敗了職業拳擊選手。

但我不得不說，這項職業拳擊與業餘拳擊的成功媒合，讓許多業餘拳擊選手歷經職業拳擊擂臺的嚴格磨練和殘酷洗禮後，拳擊實力突飛猛進。而在職業拳擊選手的催化、刺激下，拳擊比賽變得更精彩、更有看頭，話題多了、比賽更為緊張，場場票房大賣，每個環節都成為推展拳擊運動的獲利者。

其實，國際拳總不論是在業餘拳擊或職業拳擊，所做的各項改革工作，目的只有一個，那就是提供一個可以讓所有拳擊選手盡情發展自己拳擊實力的舞臺。只要有心投入拳擊運動，就可以從小扎根，從青少年一路到青年、成年，都有足夠的資源，獲得有效的協助和訓練。我們的目標，就是讓每一位立志登上拳擊擂臺的拳擊選手，能夠盡情揮灑他們的拳擊實力。

我們希望建立一套完善的遊戲規則，讓業餘拳擊選手不再為生計所苦，無後顧之憂的專心訓練和比賽。同時創造一套新的職業賽事，有效媒合業餘拳擊選手踏入職業拳擊領域。更重要的是，只要是優秀的拳擊選手，都不會被職業拳擊的束縛所綑綁，都有機會靠自己的拳擊實力，為自己取得進入奧運會神聖殿堂的門票。

這就是我所構建的拳擊擂臺，一個讓國家拳擊協會得利、讓拳擊選手無憂、讓觀眾看得精彩，一個讓拳擊運動發光發亮的舞臺。

異業結合，開拓拳擊商機

當拳擊運動成功甩去污名，開始改頭換面，以乾淨、清新的面貌展現後，這項原本就商機無限、擁有廣大市場和吸引力的運動，隨即成為國際體壇的新寵兒。而國際拳

2016.01.23　國際拳總與阿里巴巴集團簽署合作協議後，與馬雲合影（瑞士洛桑）

總革新後，正派、健康、正義和公正的新形象，也終於有條件、有優勢可以來好好拓展一下拳擊運動的全球版圖。推動國際拳總與國際知名企業進行異業結盟，共同合作拳擊運動在全球商業市場的開發，就成為我改革拳擊的另一項要務。

二〇一六年一月，我和阿里巴巴創辦人馬雲，簽署了一項歷史性的合作協議，國際拳總和該集團旗下的阿里體育成為戰略合作夥伴，共同推動拳擊運動的職業化和國際化發展。

雙方的合作計畫每年總金額高達四百五十萬美元，除了將國際拳總現有三大體系的賽事進行全面升級，還

2016.07.25　國際拳總與阿里巴巴合作營運發布會（中國上海）

將創辦以市場為導向的職業賽事，並全面推動拳擊運動數位化工程。阿里巴巴擁有七億線上客戶，在電子商務和網路行銷上更是獨占鰲頭，其品牌企業形象堪稱全球頂尖，能夠與他們合作，國際拳總可說是如虎添翼，在全球化市場成功占得先機。

除了推動拳擊運動的商業化，國際拳總和阿里體育的異業結合，仍不忘企業應有的社會責任。未來規劃的新賽事設計，會把焦點放在女性健康，讓拳擊運動成為快樂、公平、健康娛樂生活的一部分。此外，扶助貧窮國家拳擊的培訓、建立青少年拳擊培訓學校及拳擊運動的普及，都將是未來

2007.07.09　拜訪巴貝多，與加勒比海地區拳協主席會談（巴貝多橋鎮）

發展重點。

很巧的，馬雲和我的生日是同一天，兩人一見如故，對於拳擊運動的推展有著同樣的熱情。我還特別把馬雲引薦給國際奧會主席巴赫，也促成阿里巴巴集團與國際奧會的合作。阿里巴巴集團順利成為三屆奧運會的主要贊助商，將投注高達三億美元的贊助。國際奧會也將借重阿里巴巴在電子商務及網路數位平臺的影響力，全面革新日後奧運會的轉播型態。

除了和阿里巴巴集團的大型合作計畫，全球最大體育經紀商ＩＭＧ也被我網羅成為國際拳總的合作夥伴。大陸最大規模運動器材供應商泰山體育集團，和國際拳總在二〇一七年合力在非洲推廣拳擊運動，成效斐然。我還計畫將二〇一八年訂為「Year of the Caribbean」加勒比海年，讓加勒比海各小國，可以藉由拳擊運動的推展，提升國力和改善國家經濟發展。

此外，國際奧會長期以來與全世界各大企業合作贊助奧運會舉辦的成功經驗，都是非常好的學習典範，我在推展國際拳總各項改革時，就是要將國際奧會的成功經驗，複製在國際拳總及所有會員國，期讓所有會員國都能受惠。

遺憾的是，所有的贊助、合作計畫、改革目標，隨著我的離開，一切都將停擺。不論是阿里巴巴、IMG或泰山集團，當初都是因為我的誠意和魄力，才願意和國際拳總合作。如今我已離開，這個好不容易才建立起來的拳擊王國，一夕之間就崩潰了。

十一年改革基業毀於一旦

拳擊運動與我，有著密不可分的聯結，縱使我不是專業的拳擊選手，但卻擔負著重要的使命，必須讓拳擊運動恢復往日光華。我的目標就是要讓拳擊運動再創巔峰，使它成為國際體壇一項受人尊敬的高貴運動。所以，我在國際拳總主席任內所推動的所有改革工作，都是以提升拳擊運動及保障拳擊選手權益為首要考量。

擔任國際拳總主席十一年來，我全心全力為改革拳擊運動付出，一直都是不支薪的無給職。這些年來拳擊運動的發展，國際體壇是有目共睹的。讓我最難過的是，我們付出了這麼多心力所奠定的改革基業，隨著國際拳總領導人紛爭的落幕，最終仍事與願違，未能克竟其功。

回顧我在國際拳總這十一年來的努力和奮鬥，我自認為在推展拳擊運動上，已經付出了所有的能量，我無怨無悔也無愧於心。回想這一切，難免仍有壯志未酬之感慨。其實，卸下國際拳總主席的職務後，至今還有不少國家拳擊協會會長希望我重掌國際拳總主席，懇請我不要放棄他們。面對他們的殷切期盼，我無能為力，只有一再表達自己的任務已完成，由衷希望他們加油。

我也一再告訴自己，不要流連於往日的榮光，過往的記憶會留在歷史的洪流裡，人的眼界要往前看，人生有太多事值得努力和追求。

我深信，上帝既然為我關了這扇門，就勢必會再為我開另一扇門。人生的抉擇有時候是鬥不過天意的，命運的安排無法強求，順勢而為應該是最好的選擇。即便有再多的感嘆，我都把這一切交託給命運的安排。

2007.10.12　受邀訪問莫斯科時，邀請鴻海集團總裁郭台銘同訪克里姆林宮

2016.05.24　2016 國際拳總女子世界拳擊錦標賽（哈薩克阿斯坦納）

2013.08.29　世界拳擊聯賽墨西哥與古巴示範賽（墨西哥墨西哥市）

2010.11.02　2010 國際拳總會員大會（哈薩克阿拉木圖）

① 2010.07.02　哈薩克總統盃拳擊賽（哈薩克阿斯坦納）

② 2014.10.31　國際拳總 APB 職業拳擊賽（中國佛山）

2008.05.20　莫斯科世界盃拳擊錦標賽簽約儀式。（前排左起）吳經國、莫斯科市長 Yury Luzhkov、俄國拳協主席 Evgeny Murov 上將（俄國莫斯科）

第三部：保守勢力的反撲

- 紛爭導火線
- 改革擋人財路
- 保守勢力集結逼宮
- 收到死亡威脅信
- 辭去拳總主席
- 人性本惡作祟

小時候，我最喜歡看西部片，每次最期待的，就是看到劇中的警長將壞人緝捕到案的那個畫面。每當我看到全身散發著正義凜然氣息的警長，英勇的擊垮惡棍時，正義的能量在我的血液裡沸騰。直到今天，我仍然堅守絕不向惡勢力妥協的精神。

回顧我擔任國際拳總主席這十一年來，一再地與國際拳總內部的保守勢力和弊端搏鬥，為拳擊運動的未來努力不懈。就算最後的結局，我必須選擇退出國際拳總主席領導人的惡鬥，並且放棄所有的頭銜，但自始至終我都堅守住原則，保全了清白的名聲。

榮華富貴於我如浮雲，我在乎的是無愧於心。

紛爭導火線

二〇〇六年我舉著改革旗幟，打了一場極為艱辛的選戰，最終贏得國際拳總主席之位，並兩度順利連任。我內心十分清楚，這段拳擊運動的改革之路，影響層面甚廣，也勢必會遇到很多險阻。為此，我做了萬全的準備，除了選擇得力的助手，更重要的是我必須完全的裝備好自己，那就是鋼鐵般的決心和堅持到底的意志力，以及旺盛的戰鬥力和用之不竭的能量。

我認為，既然已經承諾要大力推動改革，就不能臨陣退縮，說到就必須做到。我有自信在改革過程中，可以下定決心做到百分之一百，沒有任何妥協和讓步。然而對既得利益者來說，他們心中卻始終只有私利，沒有公理，完全無法接受必須要捨棄原有利益來牽就改革。革新後的國際拳總不容過往的腐敗再度竄起，但舊有勢力竟然集結起來，最後還選擇了反撲式的叛變，發起一場非法的「政變」，企圖奪下國際拳總領導權，最後更引發了一場震驚國際體壇的國際拳總領導權紛爭的荒謬戲碼。

而細數這一連串國際拳總領導權紛爭的起因，我歸納、分析後，理出了三大項主要關鍵因素。

其一，我上任後雷厲風行的改革政策與高道德標準的要求，讓許多涉及舞弊情事的技術官僚和裁判被開除，因此樹敵太多。

其二，我極力推動的女子拳擊運動，不但順利在二〇一二年倫敦奧運成為奧運會正式比賽項目，更計畫在二〇二〇年東京奧運增加為五個量級。這項跨時代的改革方針，卻讓舊有的保守勢力大為不滿。這些老頑固，有的只是男性沙文主義的舊思維，不懂得與時俱進。他們向來反對女性涉足拳擊運動，如今，女性成功在奧運會上立足，日後還有擴大之勢，這樣的局勢發展似乎成了他們的肉中刺般難以接受，急於想要踩煞車，以遏阻女子拳擊的推展。

其三，我為推展職業拳擊所成立的市場行銷公司，少數投資者竟以未獲取足夠利潤為由反目成仇，勾結舊有勢力，企圖推翻現有政權以換取更多的利益。

但，真正造成這些紛爭的導火線，我個人研判是國際拳總主席接班人人選的選定。

在我的生涯規劃裡，從未想過要一輩子把持國際拳總做萬年主席，這不是我做事的風範。我剛選上主席時，隨即制定了國際拳總創立以來從未有過的主席任期制度。我認為，當改革到了既定階段後，就是我交棒的時機，而三任、十二年的任期是最適切的。因此，在我第三任的任期開始時，我就積極尋覓適當的國際拳總主席接班人選，希望拳擊運動的改革大業能夠接續下去。

在深入觀察和多方接觸後，拳擊史上最厲害的冠軍，烏克蘭籍的世界拳王瓦拉基米爾．克利奇柯是我極為屬意、千挑萬選的人才。選手出身的克利奇柯，不但曾經拿下一九九六年的奧運金牌，轉戰職業拳擊後又獲得世界重量級拳王長達十年之久，在世界拳壇有相當大的影響力，更是廣受全球公認的偉大拳王。

克利奇柯除了在拳擊擂臺上的傲人表現，他本身對推展拳擊運動的熱情也令我印象深刻。他曾多次公開呼籲，世界拳擊界不論業餘或職業都應該團結起來，為拳擊運動的核心利益共同努力。他的這些想法，與我改革拳擊的理念不謀而合。我和他有多次深談，發現他不但具有高度的智慧和學識，更有過人的決心與毅力，深深覺得這是一位值得把改革棒子交給他的最適當人選。

孰料，國際拳總主席接班事宜還未正式浮上檯面，保守勢力聽聞已大為驚恐。他們在我主席權柄的強力壓制下，無法依循正常管道阻撓改革，也沒有能力撼動我的領導權。如今，規劃中的接班人選竟然不是保守勢力的人馬，他們想要重掌政權，將會難上加難。

這壓倒理智線的最後一根稻草，在重重反對勢力的集結後，用不合情理的方式，企圖把我從國際拳總主席職位拉下臺。

國際拳總領導權的爭議硝煙四起，鬧得國際媒體大幅報導，各種透過小道消息惡意散布的不實報導，更讓我不勝其擾。我個人榮辱事小，但好不容易改頭換面的拳擊運動，經這麼一折騰，十一年來的改革基業，幾乎要毀於一旦。

改革擋人財路

拳擊運動潛藏著高利潤報酬，就像一塊美味多汁的大肥肉，讓許多人趨之若鶩。在經歷過這麼一場腥風血雨似的改革政變後，我深深思索，為什麼反對者要如此大費周章，冒這麼大的風險，把我從國際拳總主席之位趕下臺？我最後得到一個結論，能夠讓他們如此鋌而走險的最主要關鍵，應該都脫離不了一個「利」字。

任何職業運動都很難擺脫賭博的干係，而拳擊運動這種高張力又血脈賁張的比賽，更是賭徒的聖地。拳擊運動的賭博市場是非常驚人的，它的高報酬率在職業運動中更是居高不下。有賭盤就免不了黑道的介入，像蜘蛛網般的犯罪結構，讓整個拳擊運動黑影幢幢。透過黑勢力，染指整個拳擊運動，控制拳擊比賽結果，以藉此操控賭盤，就是過去拳擊運動被染黑，而無法乾淨、透明的最大弊端。

拳擊運動被有心人士覬覦的還有奧運會，因為拳擊在奧運會足足有十三面金牌之多，往往是兵家必爭之地。有部分國家靠的就是在奧運會搶下一面金牌，讓自己的國家有機會站上國際舞臺，這面獎牌有時還成為國家能否取得經濟援助或該運動協會能否在有限的資源下求得生存的重要條件。在實力拚不過對手的情況下，利用金錢賄賂，透過人為因素影響比賽結果的爭議，在前任主席喬德利掌控下的國際拳總是極為常見的事。

然而在我上任後，打著就是「乾淨、透明、誠實」的改革旗幟，我絕不容許任何髒手再伸進拳擊運動，為的就是還給拳擊一個乾淨的比賽擂臺。為了興利除弊，我採取強勢領導，雷厲風行的推動各項改革措施。我一再的告訴所有會員國和內部人員，只要我在任的一天，就不容許有任何舞弊情事，沒有一絲一毫的苟且或妥協，也不會讓有心人士有見縫插針的不良企圖。一旦發現具體舞弊事由，一定會採取最嚴苛的方式處罰。

擔任拳總主席十一年來，我的鐵腕作風讓很多人聞風喪膽，卻也因此產生了很多宿敵。國際體壇有人批評我的道德標準實在太高，在位十一年開除了五位副主席、六位執行委員，還有三位執行長，那些被停權數年或直接被開除不得任職的裁判，更不在少數。這樣的強勢改革，在國際各單項運動總會確實前所未聞，我所遭致的批評也不在話下。難道我的作法錯了嗎？難道我要違背自己的行事原則和理念，昧著良心粉飾太平嗎？

我一再深思，審慎檢討自己的想法與作為，卻一丁點也找不出讓自己反悔或改變的理由。我始終相信，制度的建立是根本，一旦經過合理、合法程序所訂定的原則和制度，就必須依法遵循。細數這些遭到嚴格懲罰的案例，其罪行可說是罄竹難書，一個個都深深傷害了拳擊運動。

有的是接受賄賂，收買裁判藉以操控比賽；有的是違法弄權，破壞體制；有的還與黑道掛勾，企圖影響改革，操弄拳總內部。

我擔任國際拳總主席，就是要澈底革新敗壞的舊有形象，怎能任由這些腐敗勢力猖狂行事？一旦經調查委員會確認犯罪事由，我一定採取最高道德標準，不留任何情面予以開除。說我鐵面無私也罷，這是我拳總主席職權必須要有的決斷。

二〇〇六年才剛當選國際拳總主席，鐵的紀律就開鍘了，我的第一刀指向了俄羅斯拳協主席，也是國際拳總副主席的庫塞伊諾夫和土耳其籍的祕書長道格蘭尼。他們分別在次年因為涉及嚴重貪汙，經調查屬實後，被我立即開除。

而下一位被我開除的韓國籍執行長金澔，原本是我在二〇〇六年競選國際拳總主席的總幹事。此人長袖善舞，手段非常，我在任時極為看重他的能力，也特別倚重他。孰料，我一開始識人未明，沒有料到金澔在掌握實權後，違法弄權、興風作浪，什麼壞事都少不了他。他的操守極為敗壞，眼中只有金錢，貪汙、舞弊樣樣都來。

更讓我無法容忍的是，他仗著我對他的信任，在國際拳總內部為所欲為，無視體制與制度，完全以個人好惡行事，任職七、八年期間，竟然無故開除了六十二位員工。當我收到三十七名員工血淚斑斑的控訴信件時，我再也無法容忍金澔的惡劣行徑，一聲令

2007.07.02　119 屆國際奧會年會期間與俄國總統普丁會談
（瓜地馬拉瓜地馬拉市）

下要求他捲鋪蓋回家。

接任金澔擔任執行長的卡倫，則是在二〇一六年里約奧運時，與裁判共謀操控比賽結果。當年甚至是國際媒體記者直接向我檢舉卡倫的舞弊情事，我在奧運會還沒結束時，就拔除掉卡倫的官銜和通行證，直接將他趕出奧運會。而里約奧運舞弊事件所涉及的三十五名裁判，也統統都被我開除，喪失了在拳擊擂臺上執法的機會。

我必須要特別強調，俄國拳協主席雖然是我大刀闊斧進行改革第一個革除的對象，但我與俄國拳協甚至體育部門並未因此交惡，反而還建立更良好的合作關係。

二〇〇七年七月二日，國際奧會一一九屆年會在瓜地馬拉舉行，俄國總統普丁亦出席。當時他特別邀請我會晤，藉此時機我充分說明了我擔任國際拳總主席對拳擊發展的願景、庫塞伊諾夫遭開除之原因，以及俄國拳擊協會之現況。

經過半個多小時的會談後，普丁對於我改革拳擊運動的想法深表認同，也全力支持我在俄國拳擊協會的各項改革工作，並希望盡速建立俄國拳協新的領導體制。他更在當下指派身邊的俄羅斯聯邦防衛局局長艾弗加尼．穆洛夫上將擔任俄國拳擊協會主席，重整俄國拳擊的發展。普丁同時要求穆洛夫上將必須與我密切配合，提供各種協助。

有了普丁總統的背書，加上穆洛夫上將的支持，俄國拳協在國際拳總往後的十年改革中扮演了助推的角色。

二〇一七年主導非法政變的執委會即在莫斯科召開，但俄國拳協仍堅定地支持我，一如以往般安排各項高規格活動，除了各項政府拜會行程，還特別安排我前往俄國無名陣亡將士紀念碑獻花致敬。至今，我仍對俄國拳協的全力支持感念於心。

保守勢力集結逼宮

而那些被我開除的官員和裁判，在喪失了權勢後，全都懷恨在心，他們竟然結合舊有保守勢力，在二〇一七年開始對我展開一連串報復行動。二〇一七年七月二十四、二十五日，於莫斯科召開不合法的執委會，對外宣稱執委會已通過決議，對我做出不信任投票，要求我辭去主席一職。

二〇一七年七月二十六日，部分執行委員組成所謂的「臨時管理委員會」，並派員侵入位於瑞士洛桑的國際拳總總部大樓，進行非法掌控。由於他們不合情理的作法，違反了國際拳總憲章與瑞士法律，嚴重影響國際拳總的運作與員工生計，更讓國際拳總所推動的各項重大比賽和改革事項陷於停擺危機。

經工作人員報案後，瑞士警方以優勢警力進駐，入侵者也全部遭到警方驅逐。但這場可笑的鬧劇，卻造成國際拳總必須暫時封閉，等待相關單位的裁決。

二〇一七年七月三十日，我兼程趕赴瑞士洛桑坐鎮國際拳總總部，暫時關閉的總部大樓，總算可以開放正常辦公。新的一年還有許多重大改革事項有待推動，我必須盡快解決這些紛爭，好讓國際拳總和拳擊運動的推展步入正軌。

為此，我決定就這一連串非法作為，採取法律行動，透過司法來找回公理正義。

收到死亡威脅信

而我個人也在這場紛爭中，遭受死亡威脅的恐嚇。我的辦公室在二〇一七年八月收到一封警告信函，信中指出，反對者計畫與媒體共謀進行「詆毀國際拳總與主席吳經國」，內部更決定不排除採取更激烈的手段，將執行「刺殺吳經國」以達成最終目標。

弔詭的是，這封看似警告我注意人身安全的信函竟不懷好意，因為信中寫著：「如果你想要知道更多細節，請付我比特幣，再告知詳細具體暗殺計畫。」看完信的當下，我覺得有些哭笑不得，這個假意的告密者，主要用意竟然是要向我勒索，用的還是時下最流行的「比特幣」呢！

收到死亡威脅的恐嚇信函，辦公室工作人員都相當驚恐，也不免有些慌張，他們手足無措，擔心我的人身安全，紛紛勸我要立即採取必要行動。事實上，我還真不把這個恐嚇當一回事，把信件擱在一旁理都不理。見我遲遲不為所動不受威脅，告密者還一連發了五封警告信函，一再恐嚇我事情的嚴重性。

在我看來，告密者的行徑不可取，我不能隨之起舞；恐嚇的死亡威脅也嚇不倒我，我絕不會因為懼怕就妥協。我這一生歷經許多大風大浪，什麼稀奇古怪的事情都見識過，萬萬沒想到，恐嚇殺人這種在電影裡才看得到的情節，在現實生活裡硬生生就發生在我身上。如此體驗，已非常人所能感受得到。

不論是那些想要暗殺我以拿下國際拳總主席權位的保守勢力，或是假意提醒我注意人身安全，實則要恐嚇取財的作為，他們都太小看我的能耐了。殊不知我身上流著的，是絕不向任何不公不義妥協的剛硬性格。人生都已經活過七十歲了，還有什麼好怕的呢？就算面對的是可能對我造成死亡威脅的反對勢力，我也毫無所懼，誓死捍衛公理正義到底。

但為顧全大局，該要採取的必要手段還是得做。由於這些非法作為已嚴重影響國際拳總運作和我個人人身安全，我委任律師向瑞士警方及刑事單位報案，並將數月來的各項紛爭向瑞士洛桑法院提請國際訴訟。我個人除了聘請一位隨身保鏢，二十四小時貼身保護我，以防突發狀況，瑞士警方更是非常重視我的安全，只要我抵達瑞士，瑞士警方即啟動保護機制。瑞士法院則就國際拳總領導權爭議等紛爭進行審理，一切靜待司法，期盼所有事端可以盡早落幕。

2016.03.22　出席義大利拳協百週年慶（義大利羅馬）

二〇一七年九月，瑞士洛桑法院針對我所提出的三項國際訴訟，包括：一、否決這些國際拳總執行委員二〇一七年七月二十四、二十五日於莫斯科所做之決議；二、否決「臨時管理委員會」可代表國際拳總；三、否決「臨時管理委員會」禁止主席吳經國與執行長威廉姆．路易斯馬瑞代表國際拳總等作出宣判。司法判決結果，我都是勝訴。

原本期待這些為奪權而展開的一連串謬誤行為，在瑞士法院判決後可以塵埃落定，讓國際拳總回到正軌。孰料，「臨時管理委員會」根本無視瑞士法院判決，竟對外宣稱「執委會決定，此案不遵照法院判定結果，我們有自己的作法。」仍將堅持執委會的決議。

對於名位，我個人從不戀棧，國際拳總主席更是無給職，我從來不在乎這個職位，我的所作所為都是為了挽救拳擊運動。在一個講求法治的社會，法律應當是維持社會秩序最後一道防線。如今，我都已經透過最公正的法律途徑，為這一連串紛爭做出最後的判定了，這批人竟然毫不理會，連法理都不顧了，還有什麼理性談判的空間呢？

在這段紛擾過程中，我收到許多來自全球各會員國的鼓勵信函和電話，除了表達對我的支持，並期盼我盡速結束國際拳總領導紛爭，他們希望我盡早回到主席之位，領導拳擊運動發展。我十分清楚，整個奪權過程是少數人主導演出的戲碼，但現況是，國際拳總的權力核心已被保守勢力所操控，我不能和他們一而再、再而三的周旋。

除非我退讓一步，不然這場鬧劇是不會有結果的。

辭去拳總主席

為了拳擊運動長遠的發展，個人榮辱事小，我心中已經有了定見，我必須做出抉擇，那就是「放下」。

二〇一七年十一月二十日，我正式對外宣布：「數月來國際拳總爭端不止，對拳擊運動的推廣平添變數，損其形象，本人為終止紛爭，維護拳擊之發展，決定辭職。」

從這一刻起，我為國際拳總這十一年來所做的改革與努力，畫下句點。在我宣布辭去國際拳總主席之後，國際拳總執委會隨即通過頒授榮譽主席頭銜予我。這個看似是一種對我過去貢獻的表彰之舉，在我深思之後，毅然決然選擇「裸退」，辭去國際拳總主席職位後，也重申不再接受國際拳總所頒授的任何頭銜。

從此國際拳總與我再無瓜葛。

對於這一切紛爭，我內心十分清楚，如果我貪戀國際拳總榮譽主席名位，將被有心人士所利用，就連國際奧會委員超然獨立的身分也會受到玷污，我也會成為破壞拳擊運動的幫凶。如今看來，我不得不佩服自己明智果斷的抉擇，可以如此看透名利、虛位，在混沌的時局中，為自己留得清白的名聲。

人到了關鍵時刻，就得狠下心來切斷一切，下定決心後就要澈底執行。在公理正義的天平下，孰是孰非必須看得透澈。我慶幸自己做了一個正確的選擇，沒有讓自己再次捲入紛爭。

而這段與反對勢力交手周旋的過程，就像看電影般真實呈現。說一點都不害怕是騙人的，但我自小培養的剛硬性格，讓我有足夠的勇氣挺過這個難關。讓我最心疼的是我的太太，她知道我的個性，勸不動我，但她從不給我任何壓力，只是在背後默默的支持我，做我最堅實的後盾。每次離開家門時，她總是緊緊握住我的雙手，沒有多說什麼，但我從她眼中看到許多擔憂和不捨。每每平安歸來，她如釋重負的表情也說明一切。

人性本惡作祟

回顧這起國際拳總主席的紛爭，曾有朋友勸我，難道不能睜隻眼閉隻眼，過太平日子就好，非要走這麼艱難的改革道路，若是真為這些事犧牲性命是不值得的。也有人戲稱，我是「擋人財路」，讓這些人「無利可圖」。有人批評我鐵腕作風，太過強硬；或說我鐵面無私，不盡人情。殊不知，在我的字典裡從來不曾出現過「妥協」二字。只要你做了偷雞摸狗的事，不論你位居什麼高位，不要來和我談什麼人情，只要罪證確鑿，一切秉公處理。

我認為，改革要成功，就必須要有決心和毅力做到百分之一百，稍有心軟或妥協，那就是變相的縱容。因此，不論外界對我的行事作為有多少議論，我始終認為死有重於泰山，有輕於鴻毛，做人的原則就是為所應為。只要行的是公理正義，做的是對的事，就該堅持原則到最後一刻。不妥協，就是不妥協。

不可諱言，拳擊比賽是一項高度主觀判定的運動，其中涉及的利益又相當龐大，如果領導人不正直，沒有堅定的毅力和決心來把持堅貞的操守，拳擊運動的推展就會完全走樣。過去國際拳總在喬德利把持下，已形成了收賄、買通裁判、控制比賽的腐敗文化。

這如同蜘蛛網似盤根錯節的結構，我自認可以在三任十二年的任期，把這些餘毒全部掃掉。這十一年來，我以鐵腕手段掃除各項障礙所推動的各項改革工作，也確實讓拳擊運動變得更乾淨、透明、誠實。真的是費了好大力氣，好不容易才把弄混了的一池髒水變成清水。

但是我真的對人性太過樂觀了，我如此大刀闊斧的改革，終究還是敵不過舊習的餘毒。因為水清則無魚，無法再利用貪汙、收賄等事由取得利益的情況下，這些人自然無法立足國際拳總體制裡，失了權柄對我懷恨在心者，也就造就這一連串的紛爭。總歸來說，就是人性本惡在作祟，面對龐大利益的誘惑，什麼公理正義都被拋在一旁。

最讓我感到痛心的，是那些打著推翻我主席之位的主導者，有些竟然是我曾經重用且信任過的人。當初，我如此深信他們對拳擊運動的熱愛，邀請他們跟我站在同一個改革陣線，把大權交給他們，最後得到的結果，卻是他們在背後出賣我、背叛我。

國際拳總領導人的種種爭端，真的讓我對人性本善產生很大的懷疑。讓人不禁感嘆，人性啊！在名利之前，竟是如此卑微。

2016.12.20　國際拳總臨時會員大會暨 70 周年晚會，五大洲總會主席聯合致贈致贈獎座（瑞士蒙特勒）

2016.12.20　國際拳總臨時會員大會暨 70 周年晚會，世界拳王 Wladimir Klitschko 克利奇柯受邀出席（瑞士蒙特勒）

2016.12.20　國際拳總臨時會員大會暨 70 周年晚會，五大洲總會主席聯合致贈之獎座（瑞士蒙特勒）

2017.09.01　2017 國際拳總世界拳擊錦標賽（德國漢堡）

① 2016.11.25　聖彼德堡青年拳擊錦標賽（俄國聖彼德堡）
② 2017.07.14　世界拳擊聯賽決賽（哈薩克阿斯坦納）
③ 2017.02.21　2017 國際拳總委員會會議（印度新德里）

2007.02.02　首屆非洲運動會議（塞內加爾達卡）

第四部：競選國際奧會主席

- ◆初衷
- ◆我的改革政見
- ◆政治阻力發酵擴散
- ◆打完美好的一仗
- ◆天生吃這行飯

我這一生突破了很多難關，也做了不少重大決定，但最辛苦、影響最深遠也最受到國際矚目的，應該是我宣布參選國際奧會主席這個決定。從結果論來看，我的決定最終並沒有獲得一個完美的結局。但是，這項決定卻促使我完成人生中極為重要的一項使命，那就是為兩岸中華民族在國際奧會百年歷史上，寫下了歷史新頁。

國際現勢也許無法扭轉政治的現實，但歷史會永遠記住這一刻，華人在國際奧會主席的競選，不曾缺席過。

初衷

向來有「體育聯合國」之稱的國際奧會，是國際體育公認的最高組織，在國際社會有著極其特殊的地位，其重要性和影響力不亞於聯合國。執國際奧會龍頭的國際奧會主席，其崇高無上的地位更不在話下。因此，國際奧會主席的選舉，向來是國際媒體眾所矚目與關注的大事。

國際奧會主席選舉也是國際舞臺上一場崇高的競賽，再加上它選舉的次數極少，有條件投入選舉的委員也不多，選舉的難度及重要性可見一斑。回顧國際奧會百餘年來的歷史，至今僅僅舉辦過二十次的主席選舉，其中只有十次超過一人參選，截至二〇一三年的主席選舉，也只有三十一人參選過國際奧會主席大選。參選人則大多以歐洲地區的委員為主，亞洲地區只有三位，除了二〇〇一年的韓國籍委員金雲龍和此次也投入參選行列的新加坡籍委員黃思綿外，我很高興自己有幸成為其中的一員。

二〇一三年國際奧會前主席羅格十二年任期屆滿，按照國際奧會規定，主席是由委員經過祕密投票互選產生，而新任主席人選將開放所有委員參選，凡是可以找到五位國際奧會委員推薦背書者，就有資格成為國際奧會主席的候選人。雖然每位委員都有資格出面競選，但要做為這樣一個具有極大影響力的國際組織領袖，是一項非常不容易的挑戰，有資格、有能力的人選並不多。

此外，國際奧會主席的選舉與一般選舉也有很大的不同。首先，它的選區是全球性的，投票的委員散居全世界各地，可以說是全球最大型選區的選舉了。至於在各類型選舉中常見的宣傳、造勢活動，或是各種新奇的選舉花招、手法，在國際奧會主席選舉中卻都是被嚴格禁止的。

因為在國際奧會主席競選過程中，針對候選人和委員之間的限制和規定，就非常具體且詳細的明文條列，許多重要的規定和注意事項。像是嚴格限制競選旅行的次數，亦

2013.05.23　競選國際奧會主席中外記者會（臺北）

不鼓勵候選人或委員之間的拜會；候選人亦不得公開競選和宣傳，國際奧會委員更不得公開支持或以任何方式協助候選人等等。可以說，這是一項極為特殊的選舉模式，選區不但廣大到無法全面經營，選舉過程中還必須遵守許多規範，行事更是要低調再低調。

衡諸自己的家庭、能力、健康和傾向等種種條件，擔任國際奧會委員已二十五年之久，亦是國際單項運動總會國際拳總主席的我，經過多方思考和審慎評估後，「捨我其誰」的心志油然而生，我決定挺身而出，接受這個挑戰，那就是宣布參選國際奧會主席選舉。

既然做了決定，就要下定決心、勇往直前，我必須做好全盤的規劃和布局。在無法進行公開競選活動的情況下，如何讓散居在全球各地的委員清楚知道我對國際奧會的願景、改革方向等重要政見，是非常重要的。

我的參選在國際奧會百餘年歷史上創下了很多先例。回顧國際奧會一百多年歷史，我是第一位宣布參選國際奧會主席的華人，同時也是國際單項運動總會主席投入國際奧會主席選舉的第一人。如此特殊的身分，也引發國內外各大媒體的高度關注。

二〇一三年五月十七日，我正式將競選相關文件交給國際奧會主席羅格。這也意味著，我人生中第一次也是最後一次的國際奧會主席選舉，正式鳴槍起跑。

二〇一三年五月二十三日，是一個重要的日子。

我在臺北召開一場中外記者會，正式對外宣布參選國際奧會主席。當天的記者會，來自臺灣、中國、美國、歐洲等數十間媒體擠爆了記者會會場，顯見我的參選已成為國際體壇極為矚目的大事，和國內外重要媒體爆炸性的頭條新聞。

正式宣布競選國際奧會主席的總計有六人，除了我之外，還有德國籍的國際奧會副主席巴赫、新加坡籍的國際奧會副主席黃思綿、烏克蘭籍國際奧會執行委員、前撐竿跳運動名將布勃卡、波多黎各籍的銀行家也是國際奧會財務委員會主席卡里翁，和瑞士籍國際奧會執行委員奧斯瓦爾德。每位候選人都有不同的特質，也都各自有不同的強項。在六位候選人當中，我算是資歷最深的委員。

我的改革政見

我的競選綱領和改革政見，詳述於我送給每位國際奧會委員的競選說帖中。我認為，國際奧會主席一職，責任要大於榮譽，有志承擔此重任者，必須要有非常清楚的目標和遠見。所以我競選的核心願景，即定調為「發揚奧林匹克精神，共創人類福祉」。

因此，我參選的理念是要跨越奧林匹克範疇，期盼用更廣泛的視野和遠見，來推廣國際奧會與奧林匹克運動。我認為，每四年一次的奧運會確實是目前全球最具凝聚力的活動，但國際奧會領導人的眼界必須超越奧運會的境界，要有更宏觀的視野，充分善用國際奧會所擁有的資源和影響力，發揚人道精神，進而促進世界和平。

在我所提的改革政見中，有幾項是對國際奧會組織現況有比較大的影響。其一，我提議將現行國際奧會委員人數從一百一十五位增加到一百三十位，並讓更多國際單項總會主席有機會進入到國際奧會服務。如此一來，可以強化國際奧會與國際各單項組織的關係，也讓國際奧會想傳達的奧林匹克精神，有效落實於國際各單項組織內部。其二，為了讓國際奧會委員能夠有更長的服務時間，投注於奧林匹克運動的推展，我也提出將委員退休年齡從現行的七十歲延長至七十五歲。此外，我有信心可以在八年內將所有改革項目落實，因此主張將國際奧會主席任期從現行的兩任十二年，縮短為八年。

其他改革和創新的政見還包括：修正現行國際奧會禁止具有投票權的委員到申辦城市實訪的規定、同意奧運會主辦城市得以推薦一個示範項目，作為奧運會新的比賽項目、將青年奧運會與夏季或冬季奧運會接軌等。

擔任國際奧會委員多年，再加上國際拳總主席任內所推動的各項改革，我深深感覺到，要能有效落實奧林匹克精神，教育和文化是不可或缺的一環。因此在我的政見中，就特別強調教育的重要性。

我認為，奧林匹克精神絕對不僅僅只是運動比賽的競技而已，還涵蓋了文化與教育。每屆奧運會都想盡各種方法、手段，運用高科技儀器和新的查驗技術來杜絕禁藥、舞弊、賭博暴力等不法情事，但以身試法者仍大有人在。我覺得，從教育著手，才是解決問題的根本。從小學階段就可以有計畫的將奧林匹克所闡揚的卓越、誠信、互相尊重等價值觀，灌輸在教育裡，從小將奧林匹克的種子扎根，自然可以從根源上預防運動員的各項舞弊。

投入國際奧會長達二十五年的時間，我認為自己相當深刻了解這個組織的文化，也更能體會繼往開來的重要。而我所提出的政見，應該可以充分體現國際奧會當前的需求，與展望未來的願景，讓國際奧會更好、更進步。讓我更有信心的是，我的改革政見也確實獲得許多委員認同，他們都給予我相當正面且積極的回應。

政治阻力發酵擴散

由於臺灣在國際政治上處境比較特殊，我參選國際奧會主席一事，對於國際政治上可能產生的影響，會直接衝擊到兩岸微妙的政治角力。我深知這條參選之路是困難重重的，會有很多難解的政治議題，會碰觸很多敏感的政治核心，也會有許多阻礙和牽絆。

明知不可為而為之，就是我骨子裡的剛硬性格。我心裡有數，自己眼前所面對的，是一個不可能的挑戰。即便如此，我仍必須強大我的意志力，堅定我的信心，義無反顧、勇往直前，走到最後一刻。

我這一生從未參加過任何一場政治性的選舉，平生頭一遭的大選，竟然就是一個全球最大選區的國際奧會主席選舉。在剩下不到五、六個月的競選時間，我在既有的嚴格規定和限制下，跑遍了全球五大洲，走訪三十幾個國家，藉著出席各項活動與會議，適度的與當地國際奧會委員碰面，讓他們有機會更深入的了解我的參選政見和改革方向。

在會面過程中，我感受到許多委員的正面肯定和善意回應。而透過這樣的參選過程，也讓我有機會接觸和更深入認識更多國際奧會委員，這是我投入國際奧會二十餘年來從未有過的經驗，也是此次參選的額外收穫。

就如同許多大型選舉會在選前進行多項民意調查一樣，國際奧會主席選舉這件全世界矚目的大事，更受到國際媒體的格外關注。由於我在國際奧會服務已達二十五年，再加上第一位華人和國際單項運動總會主席參選這樣的身分，首開歷史先例，有其特殊的代表性，在國際體壇和國內外各大媒體都擁有很高的知名度。因此，選前各大媒體的各項民調數據，我的表現都十分亮眼，許多指標性的民調結果我都是排名第一。這樣的結果，也讓我對這麼多個月來的努力，能夠獲得肯定而感到欣慰。

二〇一三年七月四日，在瑞士洛桑的國際奧會總部，特別召開一場臨時委員大會，這是一場六位主席參選人向所有國際奧會委員公開說明的政見發表會，會議只有國際奧會委員可以參加，其他外人一律都不得進入。由於這是唯一一場政見發表會，每位參選人都只有半個小時可以發表政見並接受提問。在過程中，我侃侃而談並充分傳達我的改革政見。我盡全力把事情做到最好，至於最後的結果會如何，就只能交給所有國際奧會委員，做出合適的選擇和決定了。

二〇一三年九月十日，在阿根廷首都布宜諾斯艾利斯，這場全世界矚目的國際奧會主席選舉就要隆重登場，半年來的努力奮戰，最終的結果將會在這一天產生。選前最後一刻，我的心情依然沒有太大起伏，我用平靜、坦然的心境面對一切可能發生的結果，

The New York Times SUBSCRIBE NOW

OLYMPICS

Quiet Campaigns Begin for Presidency of I.O.C.

By MARY PILON JUNE 7, 2013

Clockwise from top far left, the I.O.C. presidential candidates Wu Ching-kuo of Taiwan, Denis Oswald of Switzerland, Sergei Bubka of Ukraine, Richard Carrión of Puerto Rico, Ng Ser Miang of Singapore and Thomas Bach of Germany. European Pressphoto Agency

2013.06.07 國際奧會主席選舉新聞－美國紐約時報（上排左起）吳經國、Denis Oswald、Sergei Bubka（下排左起）Thomas Bach、黃思綿、Richard Carrion。

但我心中，其實早已有了定見。

歷經幾輪祕密投票後，國際奧會委員選出了新任的主席，也就是時任國際奧會副主席德國籍委員巴赫。這個結果並不讓人意外，也在我的預料之中。原本我以為自己的選舉結果會樂觀一些，但在二〇二〇年奧運會主辦權花落東京的結果揭曉後，我就預料到自己和新加坡籍的委員黃思綿，可能開出來的票數不會太好。果然，我和黃思綿在這場選舉中，是最先出局的。

因為國際奧會委員們向來有個不成文的慣例，在進行奧運會主辦權和國際奧會主席這兩項重大投票的抉擇時，既然把奧運會主辦權給了亞洲，一定會集中火力把主席選舉的票數投給另一大洲，而歐洲的票源最大，再加上現任副主席的優勢，德國籍的巴赫也就順利在第二輪的投票中超過半數當選，成為國際奧會第九任主席。

其實在參選之初，我原本是很有信心的投入，想打出一場不同的選戰，也希望藉由自己的投入，給國際奧會這個百年老店一些新的理念和願景。隨著競選過程接觸各界人士，我深深感覺到有越來越強烈的政治效應一直在發酵和衝撞。

誠如我之前所言，臺灣在國際上的處境極為特殊，始終存在無法突破的歷程，尤其是在各大國際重要組織叩關時，就會出現難以被認同的政治阻力，這是無可避免也無法擺脫的原罪。就像我投入國際奧會主席選舉，隨著政治阻力效應的不斷擴散，在最後的關鍵時刻，擴散後的阻力會不斷產生連鎖效應，自然勝選的機會就相對減少。我早已心裡有數，也坦然接受這樣的結果。

也許有人會問我，既然知道最後的結果不可能會勝選，為什麼還要走這一遭呢？此刻，在我心中突然浮現起現代奧運之父顧拜旦的一段話：「奧運會最主要的意義不是贏得比賽，而是參與；正如同人生的真諦，不是在乎征服他人，而在乎自我的努力及奮鬥。」我認為，此番投入國際奧會主席選舉最大的意義在於過程，而不是結果。

打完美好的一仗

「這美好的一仗，我已打完！」這是我自己對這次的主席參選之路所下的註解。

我深知這場選舉在競選過程中會有很大的壓力和困難，而且是從一開始就註定無法順利成功的命運，但我仍堅持到底走到最後一刻。這其中支撐我堅持下去的最大力量，就是我始終有一個很重要的使命，那就是要有一個中國人的名字，是被記錄在奧林匹克歷史上的，我的這一仗就是在寫歷史。在國際奧會百年歷史上，華人在最重要的主席戰役上，是沒有缺席的，歷史會記住這重要的一刻。雖然我輸了，但歷史的定位不會被抹滅，這就是我擔負的使命和任務。

我必須老實說，這場仗不但打得很吃力，也很寂寞。競選過程中，我始終保持絕對中立，我沒有和其他參選者結盟。所有的選舉布局、花費，沒有任何政治力的支援，也沒有一丁點政治或民間資源的投入，都由我一人獨撐全場。就連國際拳總要傾全力來幫忙，我也一概拒絕，因為我必須公、私分明，不能因為我個人的參選，私自動用國際拳總的資源，我要帶頭採取更高標準的道德要求。所以國際奧會前主席羅格和多位國際奧會委員，都稱讚我是一位值得尊敬且正直的人。

在這一段寂寞的旅程中，我一直用信心和意念在苦撐著，遇到任何困難，都要想盡辦法堅持下去，絕對不放棄、不退縮。我常常講，放棄的決定很容易，但堅持下去才是勇者。

我在二〇一二年，以國際奧會史上最高得票率的耀眼佳績，選上國際奧會執行委員，但在這之前，我卻連續在二〇〇三年、二〇〇五年、二〇〇九年的執行委員選舉中都失利。就連國際奧會前主席羅格都很佩服的向我說：「C．K．，你是我所見過最勇敢的人。」我覺得，做任何事輸了也沒關係，失敗了也不要緊，因為，輸就是成功的開

2013.09.10　國際奧會主席選舉報導－國際奧會新聞（右起）吳經國、Denis Oswald、黃思綿、Richard Carrion、Sergei Bubka、Thomas Bach。

始，重點是要有勇氣再接再厲，這就是奧運精神。

失敗，是最好的成長！

從結果論來看，這次國際奧會主席選舉，我輸了。但整個競選過程中，我卻獲得更多的友誼和肯定。更重要的是，我的內心變得更豁達，心理建設和素質也更加提升。我相信，這一生應該沒有我無法突破的障礙，也不會有比這場選舉更艱難的挑戰可以打倒我了。

與一般選舉不同的是，國際奧會主席選舉除了選舉過程中有許多嚴謹的規定和要求外，它的選舉模式是極為低調的，所強調的是一場高格調的「君子之爭」。競選過程中，沒有大張其鼓的造勢活動，更不會出現張牙舞爪的謾罵和口水。雖然可以用盡各種方法來擊敗你的對手，但絕對不會羞辱你的對手，因為每一位參選人只是競爭對手，並不是敵人。因此選舉結束後，大家都還是同僚，都還是一家人、好朋友，不會因為選舉而傷害了彼此的友誼。

讓我感到很欣慰的是，我為了這次的選舉所印製的競選說帖，獲得許多國際奧會委員的高度肯定，他們認為我所提出的許多政見，正是國際奧會邁向一個新的世代所該要有的改革願景和藍圖。而新任國際奧會主席巴赫也向我請益，表示他在上任後希望能夠採用我的多項改革政策。我一再向巴赫主席強調，競選政見的所有改革方向和重點，都是我對國際奧會最深的期待，只要他願意，都可以盡量採用。我也很高興自己構思的新藍圖，有機會為國際奧會的改革提供一些助力。

在這段艱辛的國際奧會主席參選之路，我要特別謝謝我的太太，她一直是我背後最強而有力的支柱。國際奧會主席的夫人，等於是國際體壇的第一夫人，其談吐、風采和地位，與國際奧會主席同樣重要。因此，很多拜會、會議或大型活動，我太太都必須要和我一同出席。而她優雅的氣質與無微不至的體貼關懷，總為我們贏得許多讚美。在國際奧會委員和夫人之間，她的好人緣並不亞於我。

2015.06.07　與國際奧會主席巴赫合影（瑞士洛桑）

漫長而艱辛的選戰終於結束，不管最後的結果是贏還是輸，我太太都顯得非常高興。結果公布那一刻，她臉上露出了淺淺的微笑，似乎卸下一個重擔般，大大的鬆了一口氣對我說：「這一切，終於過去了！」

我想，她心中所承擔的壓力並不少於我，如今，熬到了選戰落幕，心中的煩憂總算可以放下了。選舉結束後，我輕輕擁抱我的太太，謝謝她的體貼，也謝謝她溫暖的陪伴。

打完了國際奧會主席選舉這場艱難的選戰，又揮別了國際拳總領導人爭端的陰霾，我肩上的擔子一下子輕省了許多，總算可以好好陪陪家人，尤其是我太太。

從一九八八年擔任國際奧會委員以來，這三十年來，一年三百六十五天，我有三百天是在旅行，從東飛到西、從南趕到北，是一個標準的空中飛人。身兼國際拳總主席之後，在國外的時間更長了，可以陪家人的時間卻更短了，我已經有好幾年都沒在臺北家中與家人一起團圓過年了，我一直很感謝太太這麼多年來對我的包容與體諒。

此刻，我特別想起國際奧會故前主席薩馬蘭奇對我的諄諄教誨。他在我當選國際拳總主席時，特別把我叫到他位於瑞士洛桑的辦公室，耳提面命給我許多寶貴建議。他表示，當我接下國際拳總主席的位子後，生活將會完全改變，因為這是一個重擔，也是一個非常重要的位子。

因此，有四件事一定要做到，那就是：

一、選一個好的助理；

二、不要放棄自己的專業，因為那會是推動各項工作一個堅強的經濟後盾；

三、保持健康的身體；

四、有空多回家。

這項兼顧家庭、身體健康、事業與工作夥伴的提醒，是我時時謹記在心的座右銘。

我還特別請工匠將這些話雋刻在一個精美的石板上，放置於天津靜海的薩馬蘭奇紀念館中，除了緬懷薩馬蘭奇對我的教誨與提攜，也提供給參觀者一個極為受用的忠告和建言。

天生吃這行飯

常有朋友問我，都已年過七十了，工作又如此操煩忙碌，怎麼臉上還不見高齡者的滄桑，腰桿也還挺得這麼直？其實像我這樣一天到晚長途旅行，時刻在調整、適應時差和極端氣候，若不是身子骨早已被我訓練得很硬朗，再加上我本身強韌的性格，確實很難承受這樣的生活和工作壓力。

我雖然自小就有運動打球的習慣，但真正每日不間斷的健身原則，還多虧了薩馬蘭奇主席的耳提面命。在我當選國際奧會委員那一日，薩馬蘭奇主席就送給我一個特別的禮物，那就是跳繩，他還叮囑我務必要保持每日健身的習慣。自那一天起，我的旅行箱裡一定會放著一套跳繩，每天起床第一件事，就是四百下的跳繩，再接著做仰臥起坐和伏地挺身。就算是偶爾幾次真的忘了帶跳繩，我也會做著跳繩的動作，不讓自己有任何藉口放棄。這個習慣一直到現在，三十年來從來沒有間斷過。

而這樣的堅持，對我來說也是一種自我意志的鍛鍊。即使旅程再怎麼疲憊，只要到了公開場合，我在人前一定是走路虎虎生風，神情泰然自若，誰也看不出我可能整夜未眠，或是才歷經十幾小時的長途飛行。隨時保持最佳狀態，是我對自己的基本要求。我認為從內在自然而生的自信，是我成功的利器，因為信心就是事業成功最強的背書。

我常常在想，擔任國際奧會委員和選上國際拳總主席，應該都是上天賦予我的工作使命和任務，老天給了我剛強不可奪的堅定意志力和永遠不放棄的決心和能耐，不管遭遇任何阻撓和挑戰，我都能一一克服、克盡其功。更重要的是，上天還賜給我一副對任何環境都能有絕佳適應力的身心靈，讓我在這麼多年來的國際奧會委員生涯和國際拳總主席的繁重壓力下，仍能悠然自得。

對一般人來說，環遊全世界也許是一輩子遙不可及的夢想，但這卻是我工作的模式。繞著地球跑的空中飛人，則是我生活中的日常。我經常要從地球的這一端，歷經十幾個小時的旅程，飛向遙遠的另一端；短時間內要馬上適應極端的氣候、時差，和不正常的睡眠時間。

我的行李箱內往往裝載著四季不同的服裝，因為旅程可能是炙熱的非洲大地之後，緊接著是大雪紛飛極凍的俄羅斯。我也很佩服自己的能耐，我的身體狀況好似可以隨著環境變化自行調整，我極少因為旅途的疲憊或極端的氣候變化，導致身體的不適。我總戲稱自己是天生吃這行飯的，不論身心靈完全都預備好，才能總是以最完美的裝備來應付一個又一個挑戰。

回顧我這一生，我從來沒有後悔自己做過的任何一項決定。有些事情也許不盡如人意，或是未臻完美結局，但事後來看，仍然沒有違背我的初衷，也達到了我預設的目標。不論是放棄一切名位，選擇完全裸退的國際拳總主席之位，或是投入百分百的心力，用盡一切努力，最終仍必須接受敗選現實的國際奧會主席選舉，我所做的一切，會在歷史上留下重要的印記。

我可以很坦然的說，做為一位國際奧會委員、奧林匹克大家庭的一份子，我所做所為都無愧於心，公理正義的天平，永遠是我心中最重要的一把尺。

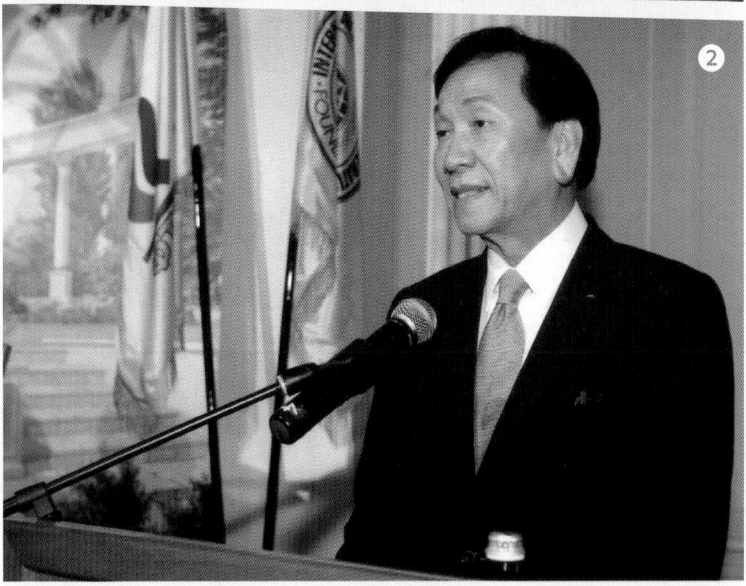

① 2012.10.29　國際運動論壇大會（韓國首爾）

② 2013.05.20　獲邀出席國際舉重總會（IWF）會員大會，發表演說（俄國莫斯科）

① 2013.06.03　拜會白俄羅斯運動部長 ALEKSANDR SHAMKO
（白俄羅斯明斯克）

② 2017.05.30　受邀出席國際舉重總會會員大會（泰國曼谷）

2012.02.18　第五屆國際奧會世界婦女與運動論壇（美國洛杉磯）

廈門奧林匹克博物館－歷屆奧運標誌浮雕

第五部：奧林匹克博物館的圓夢之旅

◆ 圓夢種籽發芽、茁壯
◆ 奧林匹克博物館的傳奇
◆ 廈門博物館的神奇玉石
◆ 天津博物館的顧拜旦手稿
◆ 飲水思源的薩馬蘭奇紀念館
◆ 青春南京奧林匹克博物館
◆ 博物館的文化功能

當我戴上國際奧會委員的桂冠，正式成為奧林匹克大家庭成員的那一天開始，我就給自己立定一個目標，那就是在我有生之年，要把奧林匹克的種籽撒向全世界每個角落；我許下一個宏願，要讓更多人實際感受奧林匹克運動的美好。這個夢想，在一座座奧林匹克博物館陸續完成後，一步步實現了。

藉由奧林匹克博物館這個媒介，我們有機會讓奧林匹克運動所推動的理念，成為世人奉行的普世價值；更可以藉由文化的傳播，在全世界各個角落撒下種籽，成為奧林匹克土壤。我自許為奧林匹克永遠的志工，我的圓夢之旅，就在奧林匹克博物館一步一腳印的傳揚著。

圓夢種籽發芽、茁壯

第一次踏入奧運會會場，那是一九八〇年莫斯科奧運會，奧林匹克的圓夢種籽在我心中悄悄發芽了。實際參與奧運會的感動和內心的澎湃，我依稀還記得，我悄悄的在心中許下心願。在偌大的奧運會會場，渺小的身影裡有著宏大的心志，緊握的雙手是我堅定的意志。我輕聲向坐在一旁的太太說：「有朝一日我希望自己能夠真正成為奧林匹克大家庭的一份子，成為國際奧會委員，讓推廣奧林匹克運動成為我終身志業。」

這個願望，在八年後的一九八八年二月十一日實現了，我的奧林匹克圓夢之旅，正式啟航！

身兼建築與體育專業，我的國際奧會委員一職，有更豐富的文化內涵和敏銳度，對於運動與文化的媒合，我始終抱有一個使命。正因於此，在我宣誓成為國際奧會委員那一刻起，我的五環誓約就必須承載更多的任務，奧林匹克運動的連鎖效應，也就一步一步開展了。

一百多年前，現代奧運之父顧拜旦在決定復興奧林匹克運動時，就想透過奧林匹克運動，推廣奧林匹克文化和精神，進而改變這個世界。如今奧林匹克運動的實力和影響力，遠遠大於創始之初，如果我們仍狹隘的把奧林匹克運動定位在運動競賽，那就喪失了當初創始者的原意了。

我認為，奧林匹克活動的三大支柱，就是運動、文化及環保。要推廣奧林匹克運動的價值，就是要以文化分享、運動教育及環境保護，來促進人們的身心和諧。除了聚焦於奧運會比賽奪牌之外，更要注重傳遞奧林匹克價值和精神，宣揚奧林匹克文化。

長久以來，國際奧會一再強調文化與體育同等重要，但在推展奧林匹克文化時，因為欠缺完整規劃，文化活動也很難像運動競賽般設定明確規則來達成明顯果效，文化與體育總是欠缺有效的模式來媒合，奧林匹克文化意涵並沒有真正被彰顯。

簡而言之，文化就是一種生活的感受，如何透過活動舉辦、市場行銷或創造有意義的比賽，來振興奧林匹克文化，藉由競爭帶動全球參與動力，進而形成一種潮流、文化滋養，是國際奧會必須要更努力的目標。

從我一九八八年當選國際奧會委員那一刻起，國際奧會故前主席薩馬蘭奇就交付我一項任務，那就是推展「文化體育」。為此，我畢生致力於推動奧林匹克事業，奧林匹克的價值觀，已經成為我生活的重心與信仰。

到底要如何傳達這份感動與深遠的影響力？有哪一種模式可以讓奧林匹克的文化與精神，廣泛傳播於世界各個角落，進而使文化與體育有效的媒合？我認為，奧林匹克博物館的創立，就是一個極為可行的模式。

我總覺得，每四年舉辦一次的奧運會只是一個點，一場國際性的奧運會，持續的周期是有限的，每一屆的奧運會，如果沒有用一條線來串連，舉辦奧運會的意義就無法傳承下來。

過去，每屆奧運會的傳承，就是因為欠缺適當的平臺，彼此連結的線是很脆弱的。

往往奧運會的舉辦，就像大拜拜似的嘉年華會，活動結束後，只記得煙火燦爛奪目的綻放，感動人心的美好記憶和值得珍藏的文化遺產，卻隨即消散無形。

我們需要一個強而有力的線來連結每屆奧運會的美好記憶，我想，奧林匹克博物館就是串起歷屆奧運會的那條線。透過奧林匹克博物館這個平臺，串起一個一個點，讓更多人了解奧林匹克的源由與歷史；藉由收藏品所傳達的訊息，讓人們體會到歷屆奧運會感人的故事和精彩畫面。更要讓那些沒有機會親身經歷過奧運會的人們及後代子孫，也能夠感受到奧林匹克的精神與魅力。

奧林匹克博物館的傳奇

創建奧林匹克博物館首開先河者，是國際奧會故前主席薩馬蘭奇於一九九四年在瑞士洛桑所創立的。有感於奧林匹克運動欠缺有效的文化遺產，可以讓更多人親身體驗和感受，薩馬蘭奇向全球募資，在國際奧會成立一百年之際，創建了全世界第一座奧林匹克博物館，交出這張極具意義的成績單。

薩老努力傳揚奧林匹克運動文化意涵的用心也啟發了我，我暗自在心中勾勒一個藍圖，是應該要努力設立更多的奧林匹克博物館，來串聯奧運會的美好記憶。那麼就由我來成為美好記憶的傳遞者吧！

要建造一座博物館，需要專業的建築師，要建造奧林匹克主題博物館，更有賴嫻熟奧林匹克、國際體壇事務的專業體育人士加入。巧的是我身兼國際奧會委員、建築師和體育人的多重身分，有幸得以擁有上天所賦予我的這些得天獨厚的特質，讓我在詮釋奧林匹克博物館時，可以有更豐富的領會。

我覺得來到任何一座博物館，就像在聽一個好聽的故事，或是去看一場電影般，透過展場的規劃設計和內容，帶給參觀者深刻的洗禮。蓋博物館的人，就像是那個具有魔術手指的劇作家一樣。到底要賦予博物館什麼面貌，才能真正觸動參觀者的心靈，帶來感動和渲染的影響力？

我認為要成就一座感動人心的奧林匹克博物館，只有建築和體育的專業是不夠的，還要有懂得說故事、心中又懷抱夢想的人。而我就將自己定位成奧林匹克博物館的劇作家，要編織出一部又一部動人的篇章，邀請每個人和我一起踏入奧林匹克的築夢旅程。

二〇〇八年二月十一日，我所創立的第一座奧林匹克博物館於廈門開館，之後我又陸續在大陸天津大港和南京創建了兩座奧林匹克博物館。而以國際奧會故前主席薩馬蘭奇為名的「薩馬蘭奇紀念館」，則座落在天津靜海。

我之所以選擇在天津、南京和廈門，除了這些城市分別在中國的北、中、南外，還有另一層獨特的意涵。廈門是距離臺灣最近的地方，有著不可分割的地緣和血緣關係。奧林匹克博物館的創建，可以促進兩岸體育文化交流。天津和南京則是中國近代體育與奧林匹克運動的發源地，與奧林匹克運動有著百年的歷史淵源。

這些城市的共同特色是，他們都充滿著奧林匹克情懷，也擁有豐沛的奧林匹克土壤，博物館的落成，除了增添其獨有的城市魅力，還可成為推廣奧林匹克文化的重要根據地。

厦门奥林匹克博物馆
五洲同根

廈門奧林匹克博物館－外觀

廈門博物館的神奇玉石

一九七〇年我在金門服役，每每在海邊遠眺著與臺灣最靠近的廈門，心中總有一種說不出來的悸動。當選國際奧會委員後，有一回應邀擔任廈門馬拉松比賽貴賓，廈門市長向我提出在廈門蓋一座奧林匹克博物館的構想，我一口答應下來，並獨資買下了博物館預定地的土地。在一次前往廈門的飛機上，更一時靈感乍現，在短暫的旅程中，就完成了博物館主建築的草圖。

就在我當選國際奧會委員二十週年，二〇〇八年二月十一日，中國第一座奧林匹克主題博物館在廈門誕生了。廈門奧林匹克博物館簡潔明亮的外型，給人舒適而洗鍊的感覺，博物館正中央金黃色的穹頂，遠望好似旭日東昇一樣，極為醒目。其獨特的玻璃回廊，以及將四個展廳貫通連接的獨創性設計，更為世界首例。

值得一提的是，廈門奧林匹克博物館大廳中央，那塊重達八十噸重的碧玉原石，有著傳奇的故事。這塊玉石來歷不凡，原是沈潛於長江底下，在興建三峽水庫時被發現的。我在特殊機緣下有幸獲得這塊珍貴的玉石，於是將其放置於博物館大廳中央，成為鎮館之寶。這塊玉石經過億萬年長江水流的淬湅，渾然天成的表面，自然刻劃成行雲流水的

廈門奧林匹克博物館－大廳

圖案，那是大自然的巧奪天工。

令人驚嘆的是，這珍貴的玉石還有很強的天然磁場，靠近時都可以感受到特別的靈氣。我特別在玉石的最上方設計了穹頂的構造，天圓地方的結構，就好似一個小宇宙。每當正午，陽光從透明的穹頂直射而下時，整塊玉石頓成通透的翡翠顏色，真是美極了！而從二樓往下看，整塊玉石的形狀像極了臺灣的模樣，似乎也巧合的印證著兩岸之間不可分割的牽繫。

廈門奧林匹克博物館有一項極為特別的館藏，那就是奧運會的歷屆郵票。這些郵票可是我向全世界集郵人士廣為募集，很辛苦才收集到的。其中最為珍貴的，是在一八九六年所發行的第一屆現代奧運會郵

票。當年希臘發行奧林匹克郵票的意圖，原本只是單純為了募集舉辦第一屆奧運會的資金，卻沒有想到，多年後這些郵票竟與奧林匹克結為親密伙伴，向人們描繪出一幅幅絢麗多彩的奧林匹克百科全書。這套郵票堪稱是見證現代奧運會開創的歷史文物，更被收藏人士譽為「奧運活化石」。

除了奧運會的歷屆郵票，博物館還特別設置了歷屆奧運會吉祥物和奧運火炬的專區。現代奧運會吉祥物，第一次出現在一九七二年的慕尼黑奧運會，此後吉祥物就成為每屆奧運會的重要元素。不論是可愛逗趣的模樣，或是有著深一層的文化意涵，都讓人愛不釋手。

而現代奧運會中進行的「火炬接力」活

廈門奧林匹克博物館－ 2008 北京奧運頒獎臺

動，則是從一九三六年德國柏林奧運會開始的。每屆奧運會火炬都有它獨到的設計，火炬的持有者，代表的是一種榮耀。我有時在博物館內遇到孤兒院的孩子來參觀時，會特別讓他們拿著複製的火炬拍照，我想這些弱勢的孩子，手持火炬時應該會有特別的領會和感受，我希望把這種感動傳達到他們心中。

天津博物館的顧拜旦手稿

做為中國現代體育與奧林匹克運動發源地的天津，至今仍與奧林匹克有著不解之緣。座落於天津大港的第二座奧林匹克博物館，則更加體現博物館建築的藝術價值。

我一直認為，博物館除了館藏豐富之外，其主體建築更是突顯文化的一部分。建築專業讓我對博物館的建築美學有更多的要求，對於奧林匹克博物館的建築設計，我在乎的是建築藝術價值的展現。

天津大港奧林匹克博物館的建築本身，就稱得上是一個完美的工藝品。其中，主建築正面鑲嵌著一顆深綠色的鑽石，這一鑽石型結構設計，就屬世界首創。而鑽石純潔、堅固的特質，更充分體現奧林匹克精神。

天津大港奧林匹克博物館－現代奧林匹克運動之父顧拜旦展區

我常想，一座世界性的奧林匹克博物館，怎麼可以沒有現代奧林匹克運動會創始人顧拜旦的珍貴文獻呢？這個夢想總算在天津大港奧林匹克博物館實現了，該館的鎮館之寶，就是顧拜旦的親筆手稿。這篇手稿得來不易，是我努力探尋多年，花費好大心血才在國際拍賣會場上收購而來。

每當我再次凝視顧拜旦的手稿時，似乎可以感受到來自於這位現代奧運之父所傳達對奧林匹克運動推廣的熱情。在豐沛的感情驅使下，所有展品都為奧林匹克運動賦予了新的生命。奧林匹克不僅僅只是運動而已，它所傳遞的是更強烈的文化意涵。

天津大港奧林匹克博物館
Tianjin D. Olympic Museum

天津大港奧林匹克博物館－外觀

飲水思源的薩馬蘭奇紀念館

我與國際奧會故前主席薩馬蘭奇有著極為深厚的友誼，可能沒有任何一位國際奧會委員能像我一樣幸運，可以得到薩馬蘭奇主席格外的眷顧與磨練。這位於我如亦師亦友的導師，在我生命中占有極為重要且不凡的地位。

薩馬蘭奇主席對我的行事作為影響極大，巧合的是我倆的個性和興趣極為類似，在嚴肅理性的外表下，我們對文化傳承都有著相同的渴慕，也都熱愛收藏。在薩馬蘭奇長達二十一年的國際奧會主席期間，有許多珍貴的收藏品，他的收藏數量也十分可觀。

然而就在薩馬蘭奇主席過世前九個月，他特別請我來到他位於巴塞隆納的辦公室，花了一整天時間向我介紹他的收藏。讓我意想不到的是，離開前他竟像交待後事般，拉著我的雙手，以十分摯切的語氣說：「這是我最珍惜的寶貝，我要給一位真正懂的人，相信你一定會做最好的處理。」一向來十分倚重與信任我的薩馬蘭奇，竟然把他平日視為珍寶的重要收藏品，全部交託於我。

收下這麼貴重的大禮，我心理壓力極大，因為這總計一萬六千多件的收藏品，不僅僅是單純的收藏而已，每一件都極具歷史意義，更見證了國際奧會與奧林匹克運動的成長。我十分感念薩馬蘭奇對我的信任，這個託付，也成為我此生一定要達成的夢想。

二〇一〇年四月二十一日，我來到亞塞拜然出席一場拳擊比賽。那天一大早，我的眼皮就跳個不停，心的底層沉甸甸的、悶悶的，有著說不出的不安和哀傷。我心想，該不會出了什麼事吧？當下打了個電話給薩馬蘭奇的祕書，想要問候久病未癒的薩馬蘭奇主席。他的祕書以急切的語氣說道：「主席三個小時前過世了，明天就要火化出殯，你盡快趕過來吧！」

這是冥冥中的天意安排，如果我沒有參加亞塞拜然的拳擊比賽，而是在臺北，就根本趕不及參加薩馬蘭奇的喪禮。這是薩老與我師徒情深意厚，要我能夠趕得及送他最後一程，也不要讓我留下遺憾。出殯當天，我是現場唯一一位國際奧會亞洲地區的委員。

看著躺在十分簡樸的棺木裡被奧林匹克五環旗覆蓋著的薩老，我心中有許多感觸。他傳奇的一生和偉大的成就，被世人如此頌揚，然而在離開人世的那一刻，只有孑然一身，什麼也帶不走。

我腦中突然浮現薩馬蘭奇曾經對我講的一段話：「人走後什麼也帶不走，再珍貴的收藏，我都只是保管者，而非擁有者。」而我成為接替薩老的保管者，有義務讓這些珍貴的收藏品，發揮它最大的價值。

「薩馬蘭奇紀念館」的構想，就這麼成為我圓夢之路，飲水思源的一段佳話。

在天津當局的全力支持下，由我親自籌畫設計，耗資三億六千萬人民幣建造的「薩馬蘭奇紀念館」，在天津靜海落腳。該館氣勢恢宏，占地廣達十五公頃，是薩馬蘭奇家族和國際奧會批准，紀念薩馬蘭奇先生全世界唯一一座場館。

而「薩馬蘭奇紀念館」的建館，也有許多不可思議的傳奇故事。

薩馬蘭奇紀念館－外觀

由於我希望該館的落成、開幕，可以順利在二〇一三年四月二十一日，薩馬蘭奇逝世三週年舉行，但距離開館的動工期，卻僅僅只剩下九個月，期間還要經歷嚴峻的寒冬考驗。

為了讓工程順利進行，工地裡買了大型風扇吹著熱風，負責施工的工人們更是用盡各種建築工法來加速工期。這項看似不可能的任務，在眾志成城的努力下，總算是如期順利完成了。

然而還有另一個考驗在

等著我。由於薩老的收藏多達一萬六千五百七十八件，工作人員用了三百六十一個大箱子才裝完。我們用了最大貨櫃，讓這些收藏品飛越千山萬水，來到中國土地。貨櫃順利運抵天津，但我在領取時卻遇上了大麻煩。

原來這些貨物必須支付非常高額的稅金，我怎麼可能付得起？我只好求助天津政府。由於薩馬蘭奇在世時不遺餘力的推動中國的奧林匹克運動，對中國有知遇之恩，天津市因而主動爭取籌建薩馬蘭奇紀念館，相關藏品雖然在我個人名下，但屬於公益性與文化性資產，市政府遂與海關積極斡旋，最後僅要求我支付象徵性關稅，順利領回所有收藏品。又是貴人相助，完成另一項艱鉅的任務。

萬萬沒想到，考驗還沒停止。

正式開幕前一晚，天津靜海颳大風下大雨，眼見室外雷雨交加，這如此惡劣的天候似乎一點也沒有停歇的狀態，我不禁為第二天的開幕典禮是否能順利舉行憂心忡忡。因為這場堪稱大陸體育界近年來極為盛大的文化體育活動，可說是冠蓋雲集，包括國際奧會前主席羅格、現任國際奧會主席巴赫及二十多位國際奧會委員、天津市市長、國家體育總局局長等大陸政壇人士都將與會。開幕典禮多項重要儀式又安排在室外，我心中十分焦急，深怕在這個重要時刻會有什麼差錯。我內心暗自祈禱會有奇蹟發生，也為此事

薩馬蘭奇紀念館－薩馬蘭奇擔任國際奧會主席時之辦公室（原尺寸複製）

擔心得徹夜輾轉難眠。

開幕當天一早，我看看室外，只有間歇的毛毛細雨，但天上的雲層仍很厚重，顯得有些陰冷。我望著天空，向老天奢望，讓天氣放晴吧！再多給我一些溫暖的陽光。

神奇的事情發生了！就在開幕典禮前一刻，不但雨停了、雲散了，就連陽光也露臉了，一個多小時的開幕典禮順利完成。

但老天就真的只給了一個多小時的晴天，當所有貴賓移往室內參觀時，雲層再度聚集，天空馬上變臉，一會兒雨就來了。

看著這奇妙的天氣變化，羅格都

薩馬蘭奇紀念館－薩馬蘭奇生平

忍不住問我：「這天氣怎麼就忽然轉晴了呢？」我笑著回答：「應該是薩老在天顯靈，保佑我們。」倆人相視莞爾一笑，就連老天也在這件大事上幫了一把。

薩馬蘭奇紀念館的完成，讓我更加相信，只要有堅定的信念，沒有什麼事是不可能的。沒有人相信我可以在這麼短的施工時間，又有許多嚴苛條件阻撓的情況下，能夠完成這件偉大的建築物。

除了貴人相助外，我的建築專業充分展現在很多重要的判斷和決定，更重要的是永不放棄的信心、毅力和決心。

薩馬蘭奇紀念館－展廳

我特別在薩馬蘭奇紀念館中，規劃一個介紹「鹽湖城事件」始末的專區。這個重創國際奧會，使國際奧會陷入存亡關頭的事件，是薩馬蘭奇二十一年國際奧會主席最深沉的痛。因為薩馬蘭奇在當時的處境，情勢險峻如同發起一場「宮廷政變」般被逼宮，不少人趁機要求他為此事件下臺。

鹽湖城事件最後的發展結果，是薩馬蘭奇以果斷有魄力的全面改革，挽回了自己的聲望，也解救了國際奧會所面臨的危機。

薩馬蘭奇曾經向我說過，鹽湖城事件是他人生中最晦暗的一段時光。每當我想起薩老為此事懊惱、沮喪、無力的落寞，但最終仍勇敢的承擔起所有責任，無畏無懼的面對一切責難，以高度智慧和決斷，解決所有問題的情景時，心中不免感慨，我在國際拳總最後改革階段所面臨的領導人紛爭，情勢不也是一樣險惡嗎？薩老的堅毅與果決，給了我很正面的學習，讓我更坦然的面對一切險阻。

青春南京奧林匹克博物館

二〇一四年八月十六日，第二屆夏季青年奧林匹克運動會在南京登場，因著這項重大體育盛事的舉辦，南京青奧會主辦當局又懇請我完成一個任務，那就是在南京也創建一座奧林匹克博物館。

當時距離青奧會開幕只剩下短短半年的時間，光是主體建築物就來不及蓋了。從來不放棄任何挑戰的我，當場選擇婉拒了。即便是已經創造過不少神奇經驗的我，這回還真的認輸了，我必須承認，這是一個「不可能」的任務。

但我仍提出一個但書。「除非」在適合的地點，已經有現成的建築物，同時也適合改裝成博物館，那應該可以達成目標。沒想到位於青奧中心附近有一座原本為舉辦青奧

南京奧林匹克博物館－外觀

會而興建的停車場，主體建築已完成，隨時可以啟用。我實際勘查後發現，還真的可以展現一下我的魔術手指，化不可能為可能，創造一下奇蹟。只是為了完成這個不可能的任務，我的腦細胞又不知道要耗去多少。

最後，南京奧林匹克博物館如期在青奧會開幕當天正式開館，也因此締造了奧運會舉辦期間，同時有奧林匹克主題博物館開幕的美好紀錄。為了體現「激情奧運，青春南京」的主體精神，在高科技的協助下，館內特別規劃3D放映廳和互動體驗專區。有多項模擬奧林匹克比賽項目的競技過程，讓觀眾身歷其境，實地體驗緊

南京奧林匹克博物館－展廳

張刺激的奧運比賽，娛樂性十足。

此外，我在擔任國際拳總主席十一年來，歷經多項重大改革，也主持許多場拳擊重要經典賽事，並收藏許多拳擊相關的珍貴文獻和照片。我特別在中國南京奧林匹克博物館內，設立「拳擊博物館」專區，期盼世人能透過展品，深入了解國際拳總黃金十年的改革成果，期藉此為拳擊運動的光華在史冊上留下重要的印記。

在南京奧林匹克博物館旁還有一處閒置空間，我打算將其設置為奧林匹克精品特展區，展示難得一見且極為珍貴的奧林匹克收藏品。

其中有一項價值不菲的珍品，是

南京奧林匹克博物館－吳經國與奧林匹克博物館展區

一九五二年赫爾辛基奧運會火炬，目前全世界只剩下十五把，在國際拍賣市場上已喊到五十萬美元。因著特別的因緣，我有幸獲贈一把，因此公開展出與世人分享。

博物館的文化功能

這四座博物館，從建築到展品都有各自的特色，舉辦活動也特別對應城市的特點，各自展現不同的風貌。但每座博物館所肩負的目標和任務卻是相同的，那就是從公益的目的去推廣奧林匹克精神。

為此，針對孤兒院、老人院或身心障礙等弱勢團體，博物館都會定期舉辦活動邀請他們參加。對他們來說，參加奧運會大概是一輩子都無法奢望的，能夠來到博物館，近距離接觸奧運會各項相關展品，應該會是很美好的回憶。這就是我想傳達的奧林匹克價值，讓每個人都能自由、平等的參與奧林匹克這個大家庭，體驗、感受和分享奧運會的激情與快樂的意念。

除了奧林匹克博物館的創設，我還有個創新的點子。

每屆奧運會主辦國都相當用心在軟硬體的各項規劃，尤其是奧運會主場館和各競賽場館的建設。其中有許多場館，從我建築師觀點來看，無論設計、規劃和意象，都是一流的建築物和藝術品。二〇〇八年北京奧運會的主場館鳥巢、游泳競賽的水立方，至今都是讓人津津樂道的建築物。

國際奧會應該可以協助各奧運會主辦國，推展奧林匹克傳承建築物計畫，將這些具有特色的奧運會場館，做更有系統的推廣和再利用。亦可以將歷屆奧運會場館的評選、設計理念、特色，用說故事的方式拍成紀錄片，讓新一代的運動員、年輕人，有機會了解更深層的奧林匹克文化。

奧運會有開始，有結束，但博物館是永遠不會關閉的，奧林匹克博物館就是一場永不閉幕的奧運會。作為一個忠誠的奧林匹克人與傳播者，我對奧林匹克的推廣也是永遠不會停止的。當我見到各個國家、各行各業、各個年齡層走入博物館，共同體驗奧林匹克的魅力與光采，我相信這是一個可以超越國界，讓全世界為共同文化價值凝聚在一起，一個可以共享的奧林匹克平臺。

天津大港奧林匹克博物館－浮雕壁

南京奧林匹克博物館－展廳

天津大港奧林匹克博物館－展廳

2007.12.12　受邀主持第 24 屆東南亞運動會拳賽開幕典禮（泰國呵叻府）

第六部：超越政治藩籬的體育新主張

- ◆ 跆拳道拿下奧運會第一面金牌
- ◆ 協助申辦二〇〇九世界運動會
- ◆ 高度智慧化解政治難題
- ◆ 超越政治藩籬的體育新主張

長久以來，臺灣在國際上一直有它無法突破的國際現實；但臺灣要能真正走出去，在國際上取得一席之地，不能仰賴政治，更不能倚靠政客們的口水和意識型態的執著。我一直認為，臺灣在推展體育上，應該要有更多元、彈性的思考。若想要在國際體壇得到重視，進而增加臺灣在國際上的能見度，當前的處境，在很多方面，我們仍有很大的進步和努力空間。

這麼多年來，我總是大聲疾呼，一再強調政府應該超越政治藩籬，為推展體育走出一條新路，目的就是希望執政者，能夠正視臺灣目前的發展困境，不要再用意識型態來綑綁臺灣的進步，阻礙臺灣邁向國際的道路。做為國際奧會委員，我當竭盡全力為推展體育救國而努力，而我也一再為達成這個目標而奮鬥。

跆拳道拿下奧運會第一面金牌

臺灣的體育實力並不差，許多項目都表現不俗，尤其是在跆拳道項目，一直是奧運會上的奪牌重點。但參加奧運會比賽這麼多年來，卻始終與奧運金牌擦身而過，這個局面一直到二〇〇四年雅典奧運會上才被打破。

臺灣史上第一面正式比賽項目的奧運金牌，就是跆拳道好手陳詩欣於二〇〇四年雅典奧運會時奪下，同年另一位男子選手朱木炎也打敗群雄，拿下男子在奧運史上的第一面金牌。這兩面金牌得來不易，靠的是兩位選手本身的堅強實力與過人的表現。但在檯面下，其實還有一段不為人知的精彩故事，而我也在其中付出了一些心力。

臺灣的跆拳道實力在國際體壇向來是水準之上，許多國際重要賽事上的表現也相當亮眼。至於在最重要的奧運會上，跆拳道項目往往是每次代表隊的奪牌希望。過去，曾由陳怡安於一九八八年漢城奧運會和一九九二年巴賽隆納奧運會中，拿下跆拳道示範賽的金牌。但跆拳道在二〇〇〇年成為正式比賽項目後，便再也沒有選手拿下金牌了。

國際體壇都知道，韓國一直是跆拳道界的強國，跆拳道更可說是韓國的國家象徵，在國際各大賽事乃至於最重要的奧運會，跆拳道比賽為韓國愛國裁判所掌控的傳聞和爭議時有所聞，即便實力有多強，在愛國裁判的掌控判決下，要拿下金牌是難上加難。

而國際奧會前主席羅格上任後，希望匡正這樣的弊端，嚴格要求奧運會每個運動項目都務必做到公平競爭。因此，他在二〇〇四年雅典奧運會期間，特別訂定督導奧運會運作的新規定，分派國際奧會委員到每個奧運會比賽項目進行實質督導。

為此，我特別向羅格主席毛遂自薦，要求擔任跆拳道的督導工作。接此任命後，我在奧運會開幕前拜會了當時的世界跆拳道總會主席趙正源。剛接任主席的趙正源對於跆拳道的推展很有想法，也希望跆拳道在奧運會的表現可以做到完美無缺。

為了確保所有裁判屆時都能公正執法，趙正源還安排奧運會裁判長與我會面。我則一再重申中國際奧會的態度，再三強調國際奧會的堅定立場，希望所有裁判務必做到公正無私的判決，絕對不能出現任何舞弊來傷害跆拳道的發展。我的這些禮貌性拜會，確實有點下馬威的意味，希望能讓這些愛國的韓國裁判有些警惕，不要做出太離譜的判決。

雅典奧運會期間，我全程坐鎮跆拳道比賽會場。國際奧會為了凸顯這些受命監督的委員重要性，還特別製作了一個醒目的白色臂章。戴著白色臂章的我，穿梭在跆拳道比賽會場，在場執法的裁判似乎都感受到一股強大的壓力，執法過程中，眼光不時瞄向我。因為他們只要稍有不慎，或出現判決不公的疑慮，就會發現一道嚴厲的目光注視著他們。在我全程緊迫盯人的情況下，裁判都不敢造次。

令人可喜可賀的是，雅典奧運會臺灣跆拳道好手輩出，選手們都能充分展現精彩實力，在裁判亦能公正判決的前提下，陳詩欣和朱木炎過關斬將，突破重重難關，在奧運史上留下兩面極為珍貴的金牌。大會還特別商請我擔任頒獎人，為臺灣有史以來的第一面奧運金牌留下重要的見證。當我為陳詩欣掛上金牌時，感動的淚水在我眼眶裡打轉，這榮耀的一刻是多麼珍貴啊！

在推展跆拳道的過程中，還有另一樁美事。眾所周知，跆拳道的圈子向來被韓國人所把持，其他國家很難打得進去。而臺灣在一連拿下兩面奧運會金牌後，確實為臺灣跆拳道推展向前邁向一大步。這些靠堅強實力所打下的基礎，也為臺灣進入「世界跆拳道總會」這個國際單項運動總會的重要組織，鋪了一條康莊大道。

目前的跆拳道協會理事長許安進，有意進入世界跆拳道總會，努力多年卻始終不得其門而入。我為此特別拜會世界跆拳道總會主席趙正源，向他推薦許安進。如今，許安進不但為臺灣順利打進世界跆拳道總會的圈子，還成功選上了執行委員，擠進了權力核心，更加確保臺灣跆拳道在國際體壇的地位。

能夠讓更多國內推展體育的相關人士，有機會進入各個國際單項運動總會，拓展臺灣在國際體壇的人脈，同時維持國內體育界與國際體壇之間重要的人際關係，一直是我擔任國際奧會委員重要的目標，為的就是希望國內的體育推展能在國際體壇占得一席之地。跆拳道的發展，就是體育實力的最佳驗證。

協助申辦二〇〇九世界運動會

透過舉辦國際性活動，來提升城市發展，乃至於強化國家在國際上的能見度，讓世界看到臺灣的美和臺灣的進步，是極為有效且影響層面深遠的模式。從推展體育的觀點來說，能夠成功申辦大型國際體育賽事，就是國內體壇一直在努力的目標。

臺灣有史以來主辦的第一場大型國際體育賽事，就是二〇〇九年在高雄舉辦的世界運動會（以下簡稱世運會）。這場運動會的促成與成功，沒有大筆公關費的支出，靠的全是個人情誼和申辦者積極、高度的熱誠，與全高雄市民齊心合力的支持。

世運會的比賽項目，主要是非奧運會的運動項目，它的重要性與競爭力雖然比不上奧運會，但它仍然是國際奧會所認定的重要賽會，其規模以及在國際體壇的地位也不容小覷，爭取主辦的城市和奧運會申辦城市一樣，同樣要經過十分激烈的競爭和表決。

說起高雄世運會的申辦，是在二〇〇五年由當時的行政院體委會主委、前體育署署長林德福所積極推動的。林德福特別拜託我，希望我可以透過國際奧會委員的影響力，協助臺灣申辦一次大型國際體育賽事。

我告訴他，二〇〇九年世運會的申辦，是一個極為可行的計畫。因為世運會申辦過

2009.03.24　2009 國際世界運動總會會員大會（美國丹佛）

程中的阻力和競爭性，相較於奧運會來說要小得多，以臺灣的國際現勢和資源來看，申辦成功的可能性很高。再加上我和世界運動總會主席朗佛契在國際體壇有相當深厚的情誼，應該可以促成這件大事。

確立了申辦世運會的目標後，我隨即在二〇〇五年邀請朗佛契來臺灣進行實地考察，當時有意申辦世運會的城市是臺北市和高雄市。

朗佛契首先來到臺北市，但當時臺北市政府相對應的接待人員，表現得似乎不是很積極、熱絡，對世運會的申辦態度和所提出的相關計畫都太過鬆散。雖然不至於怠慢，卻也只是禮貌性的接待而已，這樣有些冷漠的態度，並未讓朗佛契留下深刻印象。

相較於臺北市的冷漠，高雄市方面卻展現截然不同的熱情。從市長謝長廷到所有相關人員，都以最高規格接待這位來訪貴賓。謝長廷除了表達極為高度且積極的申辦意願，朗佛契參訪期間更是全程陪同，詳盡描述高雄市的各項配合工作與未來要完成的各項城市和場館建設，一切都是為世運會的舉辦所特別量身訂做的。

高雄市政府從上到下團結一心的態度和熱情，不但極盡展現港都高雄市獨有的城市魅力，其積極的態度和熱誠，更深深感動了朗佛契。參訪結束後，朗佛契私下以誠摯的語氣向我說：「我很滿意高雄市的各項準備，我相信二〇〇九年的世運會，高雄市會是一個極為理想的選擇。」有了朗佛契的肯定，我更加篤定高雄市可以順利拿下世運會主辦權。

二〇〇九年的臺灣，勢必會在國際體壇寫下重要的一頁。

值得一提的是，在二〇〇九年世運會主辦城市的投票表決過程中，朗佛契對高雄市的滿意程度更是表露無遺。他在事前還積極勸退了自己的故鄉——美國阿拉巴馬州的伯明罕市，希望該城市不要提出申辦計畫和高雄市競爭。

最後高雄市終於如願以償，申辦成功二〇〇九年世運會。消息傳來，全高雄市歡欣鼓舞，體委會更是大大提振了士氣。因為世運會的申辦成功意義非凡，其顯示的不僅為國內體壇長年推展體育事務的最大肯定，更為臺灣在國際間的地位向前跨了一大步。

而在世運會籌備過程中，高雄市的歷任首長都相當盡心盡力，不論是最開始推動的謝長廷，以及之後的代理市長葉菊蘭、陳其邁，和之後接任的陳菊，都是世運會能夠順利展開的最佳掌舵者。

透過世運會的籌備，高雄市各項重大建設，包括高雄捷運的構建、大型運動場館的興建等，都如火如荼的快速進展。尤其是世運會主場館，更請來日籍建築大師伊東豊雄來規劃設計。他所設計出來的太陽能光電板，以及可以引進自然風的獨特開口角度，種種環保建築的新概念，都成為令人津津樂道的創舉。

除了各項硬體建設的推動完成，運動會最重要的莫過於運動員的參與了。為了確保大陸運動員不會因為政治問題影響二〇〇九年世運會的參與意願，陳菊展現了全力投入的熱誠和柔軟誠懇的態度，親自帶團訪問大陸，以確保大陸方面不會抵制世運會。

在眾所期盼、渴望的心情中，這場有史以來臺灣最重要的國際體育賽事，在舉世矚目下，於二〇〇九年七月十六日在高雄世運會主場館揭開序幕。開幕式的表演節目有著極為濃厚的臺灣元素和情懷，以「原鄉時尚」為主軸，呈現「福爾摩沙」美麗島嶼的意象。在電子科技的交織下，展現出臺灣多元文化及創意。世運會的開幕式，不但讓全世界為之驚豔，更讓全世界更加認識臺灣，進而了解臺灣的美好與進步。

誠如世界運動總會會長朗佛契在閉幕典禮時所言：「二〇〇九年高雄世運會，是有史以來最成功的一次。」高雄世運會的成功，是一個驕傲。

朗佛契如此高度讚賞與對高雄市的肯定，充分顯示高雄市真的辦到了，他們傾全市之力，舉辦了一場極為成功的國際大型賽事，讓全世界真的看見臺灣，也看見高雄。

很多人在世運會結束後問我，臺灣這回到底花了多少錢，竟然有辦法順利取得世運會這麼大型賽事的主辦權？我非常直率的回答：「一毛錢都沒花，中辦國際賽事為什麼要花錢？」

在一般人的認知，以臺灣相對困難的國際處境，要想成功獲得國際大型活動的主辦權，一定得靠龐大的公關費和宣傳費。其實不然，只要基礎建設做得好，擁有足夠的實力和經濟條件，再加上妥適處理與大陸的關係，在天時、地利、人和之下，臺灣絕對有條件可以主辦許多大型國際活動，不論是體育或其他領域。

我也必須很自豪的說，我擔任國際奧會委員多年來，在國際體壇廣結善緣所累積的廣大人脈，也成為此番高雄市得以成功獲得世運會主辦權的極大助益。除了我居中牽

2009.07.16　2009 世運開幕典禮－（右起）中華奧會主席蔡辰威、組委會執行長劉世芳、吳經國、高雄市長陳菊、國際奧會委員 Thomas Ajan、世運總會主席 Ron Froehlich、吳夫人

線與多方協調，最大功臣還是高雄市府團隊所展現的高度熱誠與企圖心，以及鍥而不捨的努力，才得以化不可能為可能。從這裡也可以看出，主事者的遠見和視野，足以決定一個城市和國家的高度。

從結果論來看，透過二〇〇九年世運會的舉辦，高雄市似乎從一夕之間蛻變了。一直以來，高雄市雖然是僅次於首都臺北市的第二大城市，有著「南霸天」的稱號，不過其進步和繁榮的程度與臺北市相較之下，還是有不小的落差，在國際上的知名度也相當有限。

但在世運會籌備期間，為舉辦世運會，加速了高雄市推動多項大型城市建設，讓高雄市的硬體建設和市容完全改觀，成功晉升國際城市行列。世運會舉辦期間，更透過國內外各大媒體的大幅報導和全力放送，大大提高了高雄市的能見度。

全世界從那一刻起，高雄市的名字被認識了，也被看見了。高雄市不再是過去的二流城市，而是讓全體市民值得驕傲的國際港都。

而高雄市此次世運會的成功，也為臺灣舉辦大型國際體育賽事立下了絕佳典範。

同年還有另一場國際體育賽事，也在臺灣這片土地上登場。二〇〇九年九月五日至十五日在臺北市舉行的第二十一屆夏季聽障奧林匹克運動會，這也是第一次在亞洲舉辦的夏季聽障奧運會。由於這是奧運會聖火首次在臺灣上空點燃的國際體育賽事，因此也受到了國內外媒體很大的關注。

至於在二〇一七年落幕的世界大學運動會，更是臺灣有史以來主辦過層級最高的國際體育賽事，共有來自全球一百四十五個國家，高達七千六百多位運動員共襄盛舉。在此次世大運中，臺灣運動健兒充分展現傲人的運動實力，總計奪得二十六金、三十四銀、三十銅，更創下世大運參賽史上的最佳成績。

其中，舉重好手郭婞淳在五十八公斤級挺舉一百四十二公斤打破世界紀錄的驚人一舉，更讓全國民眾熱血沸騰。而短跑健將楊俊瀚在一百公尺徑賽所奪下的金牌，則是臺灣田徑史上在世大運的第一金。而鄭兆村在標槍項目破亞洲紀錄的那面金牌，也是同樣彌足珍貴。

選手的優異表現，帶動了全國民眾對參與體育賽事的熱情，也反映在不斷開出紅盤的票房和滿場熱情觀眾的加油吶喊聲中。世大運的舉辦，就像是熱鬧的嘉年華會般，歡欣鼓舞的氣氛燃燒整個島嶼。

高度智慧化解政治難題

我必須要說，這三次極為成功的國際大型體育賽事，由於事前已和大陸方面做了友善溝通，不至於出現令人頭痛的窘況，也沒有發生大陸運動員抵制出席的尷尬場面。但其間仍不免會有敏感的政治議題干擾，需要透過高度智慧來化解。二〇〇九年的高雄世運會，大陸方面就以技術性的延遲抵臺，巧妙避開了由地主國總統主持的開幕典禮。

而在二〇一七年臺北世大運開幕典禮中，同樣又面臨到相同的政治課題。

國際大學運動總會主席奧雷格．麥斯汀遇到一個難題，是他在開幕典禮時到底該怎麼稱呼蔡英文總統，這可讓他傷透腦筋了。雖然只是一個簡單的稱謂，但可能會產生的政治效應卻可大可小，既要不失國際禮儀，又不能惹惱在場的大陸代表團，分寸的拿捏是一門很棘手的政治難題。他為此求助於國際奧會主席巴赫，巴赫要他來找我，並強調我一定可以想出最妥適的解決辦法。

為了解決這個難題，我前後和奧雷格折衷協調多次，在深思熟慮後，我想出了兩全其美的說法，那就是可以採用國際通用的尊稱女士（Madam），因此以英文致詞的奧雷格在致詞時即以「Madam Tsai」，巧妙避開敏感的政治稱謂。但在中文翻譯時，主持人當然不是直譯「蔡女士」，而是用了「蔡英文總統」。

如此一來，這個稱謂問題，裡子和面子都顧到了，不致失了國際禮儀，大陸方面也相當大器，雖然感覺有些不快，仍不至於在此小事上大做文章，並未公開提出抗議，我們也算是保全了尊嚴。

在這麼高度政治敏感度的問題上，用語言的微妙差異，巧妙的避開政治干擾，我個人認為是相當明智且兩全其美的作法。

臺灣的處境極為特殊，所面對的國際情勢並不樂觀，想要在國際間跨出一步，往往會面臨許多政治上的困擾。即便是看似單純的體育賽事，仍不免要面對許多政治上的干擾和阻撓。如何在敵對的雙方處境下，走出一條不一樣的新路來，端賴主事者的高度智慧和遠見。

就像臺灣和大陸，如果兩方都在定位上堅持孰是孰非、一黑一白，那就很難達到圓滿了。在國際賽事上有些稱謂上的枝微末節，其實有它灰色的模糊空間，若能以運動員的參賽權益為第一優先，不要在稱謂上大做文章，做過多無謂的堅持，走出去的路子會寬廣許多。

超越政治藩籬的體育新主張

臺灣的體育實力並不差，臺灣的進步和繁榮也廣為周知，如果透過好的政策，全力推動體育建設，發展重點體育項目，提升運動員的水準，進而申辦大型運動賽事，對於城市的發展以及提升臺灣在國際上的地位，都足以讓臺灣在國際體壇上占得一席之地。

運動賽事的舉辦，可以成功凝聚整體國家動力和歸屬感，也只有運動可以帶動起全民的力量。像是二〇一八年在俄羅斯舉辦的世界盃足球賽，每一場比賽都牽動著比賽國家全民的心，贏了就像國慶般瘋狂慶祝，輸了卻好似國喪般舉國哀悼。

在我們也有類似場景，世大運期間，全體民眾齊心為選手加油吶喊的感動；棒球經典賽中，中華隊只要有精彩表現，對棒球的熱愛就如同國球般席捲全民的熱情。這種獨一無二的強大魅力和凝聚力，就是運動展現的影響力。

此外，舉辦一場大型國際體育賽事，比賽場館和各項相關的軟硬體建設，也會帶動龐大的商機和經濟發展，甚至關係著一個城市的進步。二〇〇八年北京奧運會的舉辦，讓古都北京有了一個全新的風貌。七年的奧運會備過程中，竟然讓北京快速完成了二十年才可以達成的經濟建設目標，更讓北京一舉躍升成為一個兼具傳統文化與現代化、國際化的大城市。

如果不是因為二〇〇八年北京奧運會的舉辦，加速催化經濟建設的腳步，北京無法寫下這個傳說。

而從高雄世運會到臺北聽障奧運會與世大運的成功案例，都可以明顯感受到，一項成功的大型運動賽事，其所帶來的連鎖反應與效果是極為巨大的。

高雄經過世運會的洗禮，搖身一變為國際大城市。臺北市雖然是首都，但世大運期間透過來自全世界運動員的傳播，以及國內外媒體和無遠弗屆的網路強力放送下，臺灣

2010.12.06　世界運動教育文化論壇（南非約翰尼斯堡）

和臺北市的名字被大大的突顯在全世界各個角落，臺灣的人情味與臺灣的進步、美好不斷被頌揚，還有什麼可以比得上這麼成功的國民外交？

什麼時候還能讓這片土地的人們再次擁有一次世運會、世大運或者是其他的國際大型體育賽事，來擁抱全世界呢？我希望自己可以很樂觀的期待，就在不久的將來。

2018.02.08　赴平昌年會與巴赫夫婦合影

2012.05.22　2012 單項運動總會聯合會會員大會－當選夏季奧運單項運動總會聯合會代表，出任國際奧會執行委員。

① 2018.03.24　GTC 世界臺胞大會演講（中國上海）

② 2009.10.23　第一屆俄羅斯國家體育論壇－吳經國受邀擔任貴賓，前立者為俄羅斯總統麥德維德夫

③ 2010.01.16　擔任 2009CCTV 體壇風雲人物頒獎貴賓（中國北京）

2008 北京奧運－鳥巢

第七部：京奧展風華

◆ 奧運籌備工作順利展開
◆ 奧運場館評選：令人驚豔的鳥巢和水立方
◆ 北京奧運三大主軸——綠色、科技、人文
◆ 無與倫比的北京奧運會
◆ 北京奧運帶來新中國、新北京崛起
◆ 二〇二二冬奧北京再起
◆ 奧運會後的無形資產

「同一個世界，同一個夢想」，牽繫著所有中華民族情感的北京奧運會，終於在二〇〇八年八月八日晚上八時盛大登場！這項全世界最重要的運動盛事，能夠在中國土地上開花結果，不僅代表中國奧運夢的實現，更是中國邁向現代化世界大國的重要里程碑。北京奧運會帶動夢想的開始，新中國、新北京正式啟航！

從北京申辦奧運會成功的那一刻起，北京奧運會就肩負起與以往歷屆奧運會不同的使命。因為中國所要辦的不只是一場成功的奧運會，北京奧運會還必須是一場「偉大」的奧運會。我親身經歷中國在這方面的努力，更親眼見證北京奧運會的成果，那絕對是歷屆奧運會所不曾見到，未來的奧運會也很難超越。因為，「無與倫比」已深深刻劃在北京奧運會那一頁歷史了。

奧運籌備工作順利展開

回顧二〇〇一年七月十三日，北京申奧的決戰關鍵日，當國際奧會主席薩馬蘭奇在臺上準備宣布二〇〇八年奧運會主辦城市名單，特別以字正腔圓的中文說出「北京」兩個字時，會場上瞬間爆出巨大鼓掌歡呼聲，這是北京申奧代表團勝利的號角，中國百年奧運夢終於圓夢了。在勝利的這一刻，我的眼淚興奮的奪眶而出，而我和大陸國際奧會委員何振梁兩人更情不自禁的相擁在一起，一切的一切，盡在不言中。

我至今還清楚記得，何振梁以激動的語氣說著：「經國啊！你為中國人做了一件大好的事情，我說，我們共同為中國人完成了一個重大的事情。」如此深切、真摯且動人的話語，即便是這麼多年後，北京申奧成功的當下，所有的回憶仍是歷歷在目。

中國從未舉辦過奧運會，對於籌備奧運會這項鉅大工程，北京是新手，沒有任何經驗，面對未來可說是千頭萬緒，有太多的工作等著進行。由於我在一九九一至一九九八年間，曾經擔任日本長野冬季奧運會協調委員會的委員，長達七年的籌備期間，累積了一整箱有關奧運會籌備事宜的相關資料。我特別將它整理好，交給當時北京申奧主要負責人、北京市委書記賈慶林。

我告訴他，這箱資料相當有用，裡頭有許多寶貴資料足資借鏡、參考，可以讓北京在籌備奧運過程中，免去許多摸索，如此將能更有效率的直接進入籌備工作。賈慶林看了這箱資料後，興奮的直說：「你這個禮物太好了，對我們的籌備工作太有幫助了。」

為了讓北京奧運會能夠順利舉辦，北京方面已經組成北京奧組委來進行各項籌備工作；國際奧會也將成立協調委員會協助北京，以確保各項工作能達成既定目標。對於我是否擔任協調委員會委員，當時的國際奧會主席羅格全力支持，然而兩岸政治氣氛仍有未定數，兩岸關係也尚未改善，這項職務的任命，還須考量到大陸高層的意向。但最後我還是接下這份艱鉅任務，令人欣慰的是，大陸高層對此決定也給予高度肯定。

二〇〇二年春天，協調委員會召開第一次會議，會中推舉自行車總會主席威爾布洛根擔任委員會主席。而我的專長在建築，是當時國際奧會委員中唯一一位學建築的專業人士。因此，羅格特別要求我接下工程組的召集人，監督奧運建設，希望奧運會各重要場館的建設能順利完成。

有鑑於上一屆雅典奧運會，場館建設工程進度一直落後，趕工趕到開幕前一刻，還差點出現奧運會開天窗的窘境，羅格主席特別關注北京奧運場館建設的進展。不過實際狀況竟然大大出乎國際奧會的預料，北京奧組委的效率好得驚人，整個工程進度竟然在二〇〇六年就幾乎可以全數完工。

國際奧會只得破天荒的告訴北京奧組委，做慢一點，別那麼快，別那麼早完成。北京奧組委採納了國際奧會的建議，除了主運動場國家體育場「鳥巢」外，其他主要場館建設都延到二〇〇七年年底完成，而「鳥巢」則是在二〇〇八年三月完全交付使用。

奧運場館評選：令人驚豔的鳥巢和水立方

對建築師來說，爭取奧運場館設計是極為重大的盛事，許多大師級的作品全都齊聚北京，參與競爭的作品都是一時之選。其中最令人驚豔的，堪稱是奧運會主場館「鳥巢」和國家游泳中心的「水立方」這兩棟跨時代建築物了。在建築形體上兩者有一圓一方的對比，就連顏色也是一紅一藍的強烈對比，兩大建築物的強烈反差讓人驚嘆不已。相較於以往所熟悉的體育場館，「鳥巢」和「水立方」的誕生，絕對顛覆傳統的認知。

但不凡的事物，卻往往是與眾不同。從我專業建築師的觀點，鳥巢絕對是一項極為偉大的建築物，未來將不太可能再有這樣的建築物。鳥巢所使用的鋼料，可不是普通鋼鐵，而是強度極大的特殊鋼，過去只有美、日等少數幾個國家有能力生產，但大陸當局卻成功的研發，完成這項不可能的任務。鳥巢的建構，還創下大陸進行重大建設以來，使用鋼料最高的一次，如此也造成鋼市場價格大幅揚升的特殊現象。

鳥巢最特別的是，整個巨大建築物竟沒有任何一根梁柱支撐，所有鋼料都採取雷射焊接，負責的都是技術最精良的焊工。為確保工程品質，每位焊工都必須在完工後簽下名字以示負責。在我看來，其所要求的工程水準極高。

鳥巢內部總計可以容納九萬名觀眾，整個建築體的設計，整合了最先進的環保、聲光與空間布局。因為中間沒有任何一根梁柱阻隔，即使是坐在最遠處的觀眾，都能看見運動員的一舉一動，聽見運動員奮力一搏的吶喊。

值得一提的是，鳥巢最初的設計是要像東京巨蛋一樣，有個屋頂可以開闔。但因為整個建築物的造價實在太過昂貴，不符合大陸當局「節省辦奧運」的指導原則，最後仍舊選擇鳥巢不要加頂加蓋。而這個決定，就足足省了六億人民幣之多。

另外一棟別出心裁的場館「水立方」，則是締造北京奧運會輝煌紀錄的最大功臣。北京奧運會上總計創造了三十八項新的世界紀錄和八十五項奧運會紀錄，其中有高達二十四項世界紀錄和六十六項奧運會紀錄就是在夢幻般的「水立方」中產生。這個耀眼的結果，完全歸功於「水立方」卓越的設計。

「水立方」的出現，無疑是水世界裡的全新代名詞，也為世界上新一代的永續建築樹立了一個新的典範。整棟建築是由跨越多國的國際設計團隊（包含來自於中國、澳洲與歐洲的建築師與工程師）共同完成。他們所發展出來的最新建築科技，無論在都市景觀、社會、生態、經濟與環境永續經營等議題上，都有著相當令人振奮的成就。

我親自參與「水立方」的評選工作，從建築專業觀點來論，這項建築確有其獨到之處。在設計概念上，水立方的外觀與室內是由一堆不規則的泡泡所構成，這象徵著建築由自然轉化成人文。這個湛藍色的水分子建築，與旁邊另一棟鳥巢體育館，分別象徵著水和火、陰與陽，共同塑造出當地獨特的環境張力與吸引力，「天圓地方」的概念，充分體現了中國建築理念。

相較於白天冷冽、清透的感覺，「水立方」到了夜晚，有截然不同的景致。設計者特別裝設了至少三萬六千盞ＬＥＤ燈光，燈光從特殊的膜構造泡泡裡反射出來，好像建築物本身會透光一樣，只見那泡泡時而變成紅色、時而轉換成藍色、紫色，遠遠望去就彷彿是一個巨大的七彩霓虹屋，美麗而夢幻。難怪有人要說，晚上的「水立方」比起白晝要來得更迷人呢！

除了獨樹一格的創新設計，所有人都很好奇，「水立方」到底擁有什麼魔力，能夠讓各國運動員在此一再創造歷史，一再打破世界紀錄？其實這完全歸功於整個場館，由大到小各個層面的極精密設計。據我了解，從泳池構造、泳池水質、溫度控制，甚至是整個比賽大廳的空氣品質、光線、溫度，都做了極為科學的管控。

場館甚至還貼心的考慮到觀眾觀看比賽時的加油聲，如何透過整棟建築物特殊設計的回音，達到激勵與刺激選手放手一搏的拚勁。也就是這種讓運動員一直維持在身心靈的最佳競技狀態，並在人時、地利與人和的完美組合下，才能讓這麼多選手屢創佳績。

如此這般從科學化、人性化的考量，來建構一棟體育館所的完成，不僅是過去奧運史上從未見過，以後可能也很難再見到這麼完美的作品。作為同樣是建築師的一員，我為這件作品的誕生，給予滿滿的喝采。

歷屆奧運會場館，除了壯觀、實用外，很少能夠像「鳥巢」和「水立方」一樣，在賽前賽後都緊緊抓住世人的目光，還成為全世界建築界頻頻討論、研究的重要標的。我相信，這兩大建築物，絕對會是北京城裡另一個讓人難以置信的建築奇蹟。

北京奧運三大主軸——綠色、科技、人文

北京的空氣污染，原本就是北京在申奧過程中備受批評的項目，但北京當局提出了極為嚴整的改善措施，成功的說服了國際奧會委員，相信北京能夠在籌備過程中，解決這項難題。這原本是一件不可能的任務，但北京做到了，直到目前為止，北京市民仍因此而受惠。

要解決北京長久以來的空氣污染，北京首先從切斷污染源做起，也唯有將整個污染

源移出北京，才能有效改善這個弊端。除了將大鋼廠遷出北京外，北京市民冬季賴以為生的供暖措施，也全部改由瓦斯取代媒炭。如此一來，空氣污染問題就解決一大半。

不過，在各大車廠進駐，大量生產汽車，再加上汽車價格便宜，很多人都買得起車子，北京汽車數量大幅成長，車輛所造成的空氣污染和交通問題，也讓北京當局傷透腦筋。為此，北京當局只好祭出強硬措施，嚴格限定車輛必須依所規定的號碼進城，以管制車輛進城數量。這項措施在北京奧運舉辦期間獲得很大成效，如今北京市民也慢慢習慣這樣的管制了。

當然，空氣污染問題的改善並非一蹴可幾，很難在短期內看到成效。然而在多管齊下的控管，北京一步一步把問題解決了，使得原本難得一見的藍天，重新展現在北京市民眼前。以往總是灰濛濛的天空，如今卻是晴空萬里。在奧運舉辦前後，選手們是在湛藍的晴空下揮灑著汗水，所呼吸的也是清新宜人的空氣。這個困擾著北京市民的大毒瘤，總算透過奧運會的舉辦，澈底把它切除了。

北京奧運會除了在場館的建設出現令人驚奇的效率，其成果亦讓人眼睛一亮，造成全球矚目的風潮。北京奧運會更喊出一個響亮的口號，那就是要辦一場「綠色奧運、科技奧運、人文奧運」。這個目標也同時是北京奧運會的三大主軸，在「綠色、科技、人文」這三大主軸相輔相成下，北京奧運會展現出截然不同的新風貌。

二十一世紀所面臨的是能源逐漸短缺的景況，環保議題成為時下最主流的話題，「綠色奧運」所揭櫫的目的即在此。在綠色奧運計畫中，中國總計投資高達一千兩百億人民幣，在空氣質量及氣候變化、能源使用和冷媒、交通、水和污水處理、森林保護、有毒物質和廢棄物管理等六大環境議題進行改善。

像是在交通上，就特別引進三千八百輛壓縮天然氣的公共汽車，這是世界上最龐大的綠色公共汽車服務系統之一。場館更有20%的能源來自清潔的風能，奧運村是使用太陽能發電。奧運主場館「鳥巢」還擁有先進的雨水回收系統，並建造面積達兩千平方米的太陽能發電牆。這些極具環保功能的設施，都可以讓觀眾在體驗奧運時更富有意義。

我必須強調，綠色奧運所要做的，不只是綠化的面積和美化的環境，更重要的是環保、天藍、水清、樹綠。如果有越來越多的北京市民，能把關注的焦點擺在每年的藍天數有多少、家門口的綠地是否黃了、樹為什麼倒了、樹怎麼被砍了這些生活上的議題，都可以看出「綠色奧運」是否深植人心的表現。

我相信中國人已經意識到，清潔的空氣、良好的環境，是自己的權利。這些權利完全可以藉由自己與國家的努力來實現，而這也是北京奧運留給中國最寶貴的資產。

而「科技奧運」所呈現的是技術水準的提升，這一切完全體現在本屆的北京奧運會。在奧運會舉辦期間，相關單位引進全世界最先進的技術，包括大量使用寬頻網路、多媒體，交通、訊息發布、會務管理更有效率的智慧管控。比賽時間、比賽進展、比賽地理位置更準確的查詢，以及更完備的安全措施等，各層面都合乎更快、更方便、更準確、更安全的原則。

北京是具有悠久歷史、文化氛圍濃厚的城市，「人文奧運」所強調的，就是文化交流、文明融匯的奧運，它是超越種族、超越等級、超越地域、超越政治制度和意識型態。透過奧運會的舉辦，展開一場東方文化和西方文化、中國文化和世界文化、中國傳統體育文化與古代希臘奧林匹克文化交流、融合的文化饗宴。

在「綠色、科技、人文」這三大理念中，人文奧運最為核心，也是最終的目的。而綠色奧運和科技奧運最終目的也是「人」。簡而言之，北京奧運會所強調的，就是一場關注人、熱愛人、尊重人、提升人，讓人們生活得更美好，讓人們身心靈均衡發展，更和諧的運動盛會與文化饗宴。

無與倫比的北京奧運會

偉大的時刻終於來到！

二〇〇八年八月八日晚上八時，在這個滿載著中國吉祥數字的時間點，全世界引頸期盼的北京奧運會，在國家體育場鳥巢正式揭開序幕。大家最期待、最受矚目的開幕式表演，是由大陸知名導演張藝謀統籌規劃。張藝謀的藝術才華是有目共睹的，到底他會用什麼方式來呈現這場大陸有史以來最重要、最盛大的國際體育盛會，全世界都睜大眼睛在等著。

開幕式的表演有著濃濃的中國味，國際媒體更盛讚這是一場「史上最完美的一場開幕式」。不論是創意十足的腳印焰火、夢幻五環，或是有著濃厚中國傳統元素的古老畫卷、絲綢之路、太極表演，張藝謀用全新的藝術概念和現代化的科技手法，巧妙的將源遠流長的中國文化與奧林匹克運動做了美麗的融合，也讓全世界看到了北京這個古老城市獨特的東方魅力。

開幕式的最高潮是奧運聖火的點燃，這項神聖的工作交給了大陸體操天王李寧。只見高舉著火炬的李寧，吊著綱索以完美的姿態，在國家體育場鳥巢上空展開的中國畫卷上繞了一圈後，以飛天之姿點燃了奧運主火炬。當奧運聖火點燃那一剎那，全場歡聲雷動，氣氛瞬間沸騰。此刻，激動的心情溢滿整個胸口，我輕輕拉著太太的手，兩人相視一笑，眼眶中打轉的是止不住的感動。

北京奧運會開幕式的精彩呈現博得滿堂彩，參與情況更是給足了北京面子，總計有來自全球五十個國家的元首親臨會場，可說是盛況空前，他們對北京令人耳目一新的各項現代化建設，都感到讚嘆不已。

而北京在國際化的銜接更是不遺餘力，除了各項軟硬體的重大經濟建設外，甚至在最基層的計程車司機訓練，也都讓人嘆為觀止。他們流利的英語會話能力與親切熱心的待客之道，都讓每一位到訪北京的旅客，留下深刻的好印象。

值得一提的是，中國在此次北京奧運會總計奪得五十一面金牌，為全世界之冠，這項佳績也創下奧運史上第一個亞洲國家登上金牌榜首的新紀錄。北京奧運會的舉辦，是中國經濟實力的展現；令人刮目相看的優異獎牌數字，更大大展現了中國傲人的體育實力。中國透過北京奧運會向全世界宣告，中國用自己的實力澈底洗刷了「東亞病夫」的污名，新一代體育大國就此誕生。

北京奧運會無疑是中國體育最豐盛的年代，從閉幕式中，國際奧會主席羅格所下的

2008.08.22　與國際奧會主席羅格觀賞北京奧運拳賽

註解：「這是一屆真正稱得上無與倫比的奧運會。」可以深深感受到，「無與倫比」這四個字已深深刻劃在北京身上。數年過後，大家仍然難以忘記北京奧運會所創造的種種驚奇，更有人戲稱，自北京奧運會後，就再也沒有出現過稱得上精彩的奧運會了。

時隔多年，直至今日我仍然沒有忘記北京奧運會落幕時的那一刻。

就在奧運聖火熄滅之後，觀眾逐漸散去，激動的高潮過後，內心久久無法平復的，是說不出的感動。坐在我前排的是故前大陸國際奧會委員何振梁和夫人，他們倆就一直站在原地，我和夫人也是如此，我們四人就這樣看著國家體育場的場子慢慢的空了，會場上的燈光一盞一盞的熄滅，偌大的會場，只剩下四個人影交織著許多的情緒。從當初費盡千辛萬苦的申辦成功，到如今的完美落幕，這當中的辛酸和努力，我和何振梁委員最有感觸。我們四人默默相視、會心一笑，緊握彼此的雙手，激動的淚水在眼眶中打轉。

而今何委員和夫人都已走完一生，在另一個世界了。但我們共同在北京申奧的重大歷史時刻，都付出了全部的心力，也為海峽兩岸在北京申奧這件大事做了最好的歷史見證。二〇〇一年七月十三日北京申奧成功的那一刻，我與何委員高興得相擁而泣的歷史鏡頭，也成了經典畫面，鮮明的刻在許多人心頭。我很慶幸自己在關鍵點上做了重要的抉擇，為兩岸中國人完成了一次歷史見證，相信在天之靈的何委員一定也是這麼想。

北京奧運帶來新中國、新北京崛起

北京奧運會在全世界驚歎聲中，以完美之姿開啟序幕；為期一個月的賽事，不但平安順利的落幕，更締造無數個驚奇。北京奧運會的成功，無疑是中國向全世界宣告一個現代化強國的崛起。北京這個古老的城市，更在一夕之間改頭換面。這一連串由奧運會帶來的奇蹟，一點一滴的改變中國，也改變北京。

全世界都在看，中國在北京奧運會結束後，是否會像過去很多舉辦奧運會的城市，無可避免的落入「後奧運」的魔咒？還是大陸可以自此擺脫西方國家的偏見，走出一條新的路子？

綜觀北京奧運會的整體成效，其成果是極其豐碩的。從以往的奧運會來看，有些城市不但未能從奧運會獲得實質的經濟效益，還得為奧運會舉辦後的龐大開支舉債。但北京奧運會顯然做了不錯的行銷規劃，在奧運會結束後，從最現實的經濟效益來看，北京是「賺錢」的。除了奧運會收入外，北京奧運會會後的賽後收益，更為北京的經濟發展做出了巨大貢獻。

自古以來，北京就是個充滿歷史味的老城市。它的重要，讓各主要朝代將其列為首都，直至今日，它仍然是政治、文化的重心。如今，經過全世界最重要運動賽事的洗禮後，北京有了嶄新的一張臉孔。在豐厚的歷史內涵裡，披著現代化的外衣，成為跨進現代化國際城市裡特殊的標的。

如果你在二〇〇八年前曾經到過北京，而在奧運會結束後再度造訪北京的話，極有可能會完全不認識這個城市，因為北京已經在一夕之間改頭換面了。

在踏進北京城前，首先映入眼簾的，就是目前客流量世界排名第二大的北京首都國際機場，一年有高達九千多萬人次進出，大開北京方便之門。而機場外便捷、快速且便宜的捷運系統和地鐵，更提供了進入北京城最方便的交通措施。

其他還有二環、三環、四環、五環等四條環線，以及十五條放射聯絡線組成的北京城市快速公路，更讓整個北京城的交通變得更為方便。在奧運會期間，運動員、教練及奧運官員由駐地到比賽場館所花的時間，就不超過三十分鐘。

透過奧運會的舉辦，北京當局進行整個交通基礎建設的大改造。再加上其它的城市基礎設施、能源交通、水資源和城市環境建設等，整體投入共二千九百五十億元人民幣之多，比三峽工程動態總投資的一千八百億元還多。

或許有人要問，為了舉辦一場奧運會，投下這麼高的資本值得嗎？我認為，對於要邁向一個國際化大城市的北京來說，這絕對是有必要的。因為無論是新機場設立，或是便捷的大眾運輸系統，都是北京在現代化和國際化過程中不可或缺的要素。如今，藉由奧運會的激化，讓這些原本可能要耗上十幾年時間的城市基礎建設，在短短七年內就完成，而且是最高規格的呈現。對北京市民來說，這真是天上掉下來最棒的禮物了。

對於北京的印象，或許大多數人都停在老胡同和許多歷史味十足的老建築。如今的

2008.08.13　北京奧運會棒球賽開球

北京，多了「鳥巢」、「水立方」和國家大劇院等特殊的建築物，獨特又亮眼的面貌，與巴黎、倫敦、紐約等國際化大都會相較毫不遜色。「鳥巢」和「水立方」的出現，是北京奧運會帶給北京的重要資產，因為它們的與眾不同，使探訪北京成為很重要的據點。過去從未有過一個奧運場館會變成專有名詞，並成為全世界討論的重要話題。

事實更證明，鳥巢和水立方不但為大陸帶來相當可觀的觀光收入，周邊商品的販售也是商機無限。而鳥巢更成為娛樂界的重要標的，在鳥巢舉辦演唱會，儼然是票房的重要指標，鳥巢的商業利益，在奧運會發展史上是前所未見的。

為了讓北京成為一個國際化、現代化的城市，北京拆掉了許多貧民區和老舊建築物，從數字上來看，拆遷戶達三十萬戶，遷居人口逾一百二十五萬人，都創下奧運會紀錄。由於整個市容更新政策，是從中央政府由上而下的全力投入，或許在人情上未能周全，但政策執行的成效快速而確實。整個都市更新的結果，也讓北京市容煥然一新。

或許有人會批評，全然的現代化建築，北京的歷史味不就沒了嗎？在取得現代化和維護歷史古蹟上，確有其兩難之處。如何求取平衡點？北京要做一個有效的抉擇。北京當局的作法，是以現代化、國際化為優先；歷史古蹟則以特定區來做重點發展。

如今的北京，放眼望去，是集合全世界最有名酒店和頂級餐館林立的嶄新面貌。全球知名大企業也都在北京立足。因此，北京除了是政治和文化重心外，如今更成為商業重心，這就是奧運會所帶動的商業刺激。

若還想在北京城裡尋找舊時的北京味，即使在高樓大廈林立的小巷弄裡，還是有些未拆掉的四合院，外觀維持著舊時的面貌，但屋裡全是現代化的設施。就是這樣「中西合璧」的新模樣，成為目前北京城裡相當受到歡迎的著名餐館和住宿，讓那些想住得舒適又想過過老北京人詩情古意生活的觀光客趨之若鶩！

至於面積比較大的老胡同，則集中在恭王府一帶的特定區內，在那兒可以看到老北京的生活方式。要親自感受北京城濃濃的歷史氛圍，就得來一趟老胡同，不論你是坐三輪車，或只是悠閒的散步，穿梭在老胡同蜿蜒、窄小的巷弄間，時間的長河在身旁流逝，彷彿又回到舊時繁華的京城歲月。

北京能夠在這麼短的時間內，完成一項又一項令人驚奇的改造，完全歸功於大陸早已下定決心，要辦好一場偉大的奧運會。現在的北京，交通和公共設施，既便利又便宜；空氣污染的問題又能有效控制，一個國際化和現代化都市該有的條件，北京一樣也不缺，我不禁要說：「住在北京，真的是一大享受。」

「要做就做最好的！」就是這樣的信心，成為建設新北京的基本準則。不像過去所謂的循序漸進，北京所採取的是一步就跨到最新、最好，如此高效能的行政魄力，使得北京各項公共建設，都能達最高標準。這個成果就落實在北京能成就一場有史以來最棒的奧運會，也讓北京一舉跨入國際化大都會之列。

或許不住在北京的老百姓，實際受惠沒有那麼強烈，但北京市的中產階級卻是感覺最明顯的。因為透過先進科技和公共建設，所帶來的生活改善，讓北京市民可以很容易的享受做一個現代人的好處。我想，因為北京奧運會的舉辦，最大的受惠者就屬北京市民了。

二〇二二冬奧北京再起

二〇〇八年北京奧運會的完美呈現，已成國際體壇的典範。國際奧會主席巴赫甚至表示，中國北京曾經帶給世界一場無與倫比的奧運會，讓世界見識到中國力量，希望中國這樣的大國可以承擔起重任，嘗試未來再舉辦一次奧運會。巴赫主席對北京的期許，似乎預言北京再度興起的絕大可能。

挾著二〇〇八年北京奧運會既有的先天優勢與成功經驗，此番北京再度叩關二〇二二年冬季奧運會的申辦，可說是勢在必行，申辦成功的呼聲極高，而北京這次的對手是哈薩克的阿拉木圖。

中奧決戰是在二〇一五年七月三十一日於馬來西亞首都吉隆坡舉行的第一二八屆國際奧會年會中登場，兩大城市都在會中做了完美陳述，但北京顯然在很多方面都明顯優於阿拉木圖。

像是北京除了現有場館鳥巢、水立方做為冬季運動中心外，冬奧會的雪上活動將拉拔到延慶和張家口，為了解決交通問題，北京修築了一條京張高鐵，預計二〇一九年底即可通車，屆時由北京往返延慶竟然只要半個小時車程，到張家口也只要五十分鐘。

北京的有備而來，讓國際奧會委員留下了深刻印象。而在這次北京申辦冬奧的投票過程中，我仍一本初衷全力為北京拉票，期盼北京能再次達成心願。結果揭曉，北京果然不負眾望，拿下二〇二二年冬季奧運會的主辦權，成為百年奧運史上全球唯一一個同時主辦夏季奧運會和冬季奧運會的城市。

北京申辦冬奧成功後，緊接著就是一連串的籌備事宜。國際奧會主席巴赫特別任命我擔任二〇二二年北京冬奧協調委員會委員及奧林匹克大家庭工作小組主席，協助北京順利完成冬奧會的各項準備工作。在中國國家總動員的全力支持下，中國總是可以擁有主辦任何大型活動的最好團隊，北京的各項籌備工作進度又大大超前。可以預期的是，二〇二二年北京冬奧會將會是有史以來最成功的一屆冬運會，讓我們拭目以待。

奧運會後的無形資產

對奧運主辦城市來說，這是一生只有一次的經驗。奧運會絕不僅僅只是一項運動而已，除了運動層面，包括文化、教育及永續性，通常都能在奧運會後的很多年，仍帶給主辦城市市民正面的資產。這些資產有些是有形的，像場館建設和各項為舉辦奧運而推動的重大公共建設等；有些則是無形的資產，這點在歷屆奧運會中並不明顯，但在這次的北京奧運會，其影響卻深遠而卓著。

為了確保北京奧運會能夠圓滿成功，大陸從上而下，以政府的力量，凝聚全民之力，進而掀起全國奧運熱。我從未見過一個國家可以將奧林匹克教育和理念貫徹得如此成功，做為國際奧會委員的一份子，我親身感受到，奧林匹克的價值和理想，在大陸一點一點被實踐，我心中是無比的感動。

北京奧運會結束後，我來到浙江大學和蘇州大學演講，和學生們談的就是北京奧運會後續的影響。大陸當局在推展北京奧運會，除了各項硬體建設，在全民教育上的著力，更是前所未見。

二〇〇五年北京奧組委會與教育部聯合啟動「北京二〇〇八中小學奧林匹克教育計畫」，將奧林匹克運動核心內容教材，加入中小學正規教育中，總計有四億中國青少年全面接受奧林匹克教育，參與及傳播奧林匹克精神。學子們從受教育起，即體認、學習到奧林匹克運動所強調的公平競爭的運動員精神。這場在大陸所推廣的奧林匹克教育，可以說是歷年來尺度最大、參與人數最多的。

在北京還有一所小學舉辦以「一班一國」的奧林匹克教育活動，全校四十個班級選了二十三個代表國，孩子們透過網路、書籍、電視等媒體，了解代表國的相關訊息，了解代表國的風土人情、民族文化、奧運選手、政治經濟、自然地理等知識，拉近了奧林匹克與每個人的距離。

我常常在演講中向年輕學子們說道，體育運動不僅僅只是一項熱鬧的比賽而已，所有運動員必須遵守共同的規定，在共同的遊戲規則下，不管是大國或小國，一律公平競爭。公平競爭的理念，是奧林匹克精神的靈魂；公平競爭的教育，應以寬容、友愛、情誼的態度，學習尊重自己及尊重別人。

運動場上是如此，將其引伸沿用到生活上，就必須尊重對手和同事，行事不作弊、不取巧。運動員所強調的勝不驕、敗不餒的精神，更是生活中遭遇挫折或成功時的處事原則。倘若心中秉持這樣的理念，能以勝不驕、敗不餒的君子風度來面對這個世界，就不會做出違反公平競爭的事，也就可以循著正規的路子走。

此外，大家都知道的做人道理，像是對人要有禮貌、要有公德心，說起來簡單，但能真正力行、實踐的卻不容易。在大陸最常為人詬病的，就是一般民眾大多缺乏公德心，不但隨地吐痰，也沒有排隊的習慣。然而這些尊重他人的生活品格教育和倫理道德規範，能夠透過奧運會的舉辦，讓這麼大的國家，成為一個有秩序的社會，是這次奧運會最難能可貴之處。

「更快、更高、更強」、「重要的在於參與」，這些奧林匹克理念，透過奧運會的傳揚，深入每一顆年輕的中國心。奧林匹克精神和理念，更像一粒粒種子，播撒在中國青少年的心，中國年輕一代，正以蓬勃力量及激情，打開奧林匹克這扇「世界之窗」。這些都是此次北京奧運會，為全體中國人所留下最珍貴的資產。

2008 北京奧運摔角頒獎

① 2013.03.13　獲頒哈薩克國家勳章「The Star of the Order『Dostyk』」，由哈薩克總理亞赫米托夫（Serik Akhmetov）代表哈薩克總統納札爾巴耶夫（Nursultan Nazarbayev）頒贈

② 2016.10.22　白俄羅斯國立體育大學（BSUPC）榮譽博士學位

① 2008.05.12　亞塞拜然國家體育文化與教育學院頒贈榮譽博士（亞塞拜然巴庫）

② 2012.03.24　獲蒙古總統 Elbegdorj Tsakhia 頒贈蒙古最高榮譽：北極星勳章（蒙古烏蘭巴托）

① 2012.12.09　FICTS 國際運動電視電影嘉年華獲頒傑出榮譽獎（義大利米蘭）
② 2018.12.13　奧林匹克家族日活動（中國廈門）

① 2013.07.06　2013 世界大學運動會期間，俄國體育部長穆特科代表政府頒贈俄羅斯政府功績勛章（俄羅斯喀山）

② 2016.06.12　獲頒國際奧林匹克學院奧林匹亞獎，院長 Isidoros Kouvelos 頒贈（希臘雅典）

2009.11.11　喬治亞國家奧會主席納茲維立席維利代表政府贈勳（喬治亞提比里斯）

第八部：神奇的運動效應

- ◆運動與和平
- ◆協助弱小國家推展體育
- ◆協助科索沃取得國際奧會會員資格
- ◆運動帶來榮譽
- ◆永遠的奧林匹克志工

每四年一次的奧運會，不僅僅只是全球運動員同場競技、爭奪獎牌的會場。它所要傳遞的，是更深層的奧林匹克信息，那是一種超越種族隔閡，沒有戰爭、沒有暴力，講求和平、平等的公理正義。

正因為如此，運動所帶來的連鎖效應，不只是狹隘的競技榮耀，它的影響既深遠又廣大。擔任國際奧會委員三十年來，我屢屢被這種神奇的運動效應所帶來的意外驚喜所感動。

藉由體育活動的推展，會為兩個敵對國家的對立局面帶來和平的曙光；也可能讓沒有國際地位的小國，因為發展體育，帶來國家進步發展的契機，讓體育救國的新主張得以展現；更可以藉由文化的傳播，在全世界各個角落撒下種籽，成為奧林匹克土壤，宣揚奧林匹克精神的普世價值。

這種藉由運動所帶來的魅力和影響力，有它獨一無二的連鎖效應，至今仍沒有任何一件事能夠像運動所帶來的效果一樣神奇。

運動與和平

我在世界各地的演講中，常常會傳達這樣的訊息，那就是「運動與和平」「Peace through Sports」，藉由舉辦運動競賽，進而帶來和平，這是我多年的國際奧會委員生涯中，為推展國際體育事務時所感受到的神奇效果。而在接手國際拳總主席之後，這種獨有的效應，更不時出現在拳擊比賽的競技擂臺上。那令人嘖嘖稱奇的故事，不禁讓人為運動所帶來的意外驚奇所折服。

在推展職業拳擊過程中，我特別規劃一個WSB世界拳擊聯賽，這是一種以「城市」為主軸的團體對抗賽，這在拳擊發展歷史上是絕無僅有的。拳擊向來都是單打獨鬥的個人賽制，從未有過團體賽的概念。之所以會有此初衷，主要是希望透過拳擊運動的推展，來翻轉現有的國際情勢，為運動與和平留下印記。

有許多次看似幾乎不可能改變的局勢，卻在拳擊運動的熱情催化下，留下一頁頁令人動容的篇章，其中讓我印象最深刻的，就是俄羅斯與烏克蘭的對決。

二〇一四年WSB世界拳擊聯賽，來到最後四分之一強準決賽，依照比賽規則，這個階段的比賽場地是主、客場各打一場，比賽場地將在俄羅斯的莫斯科和烏克蘭的頓內次克這兩大城市進行。

原本這樣的安排，在各種職業運動比賽中再平常不過了，但是把它擺在俄羅斯和烏克蘭這兩個極為特殊的國家關係中，卻像引爆炸彈般險峻，差之毫釐就可能引發國際危機。尤其是位於東烏克蘭的頓內次克，是俄羅斯軍隊最靠近烏克蘭的地方，敵對的軍事緊張，比起兩國的拳擊對決還要令人擔憂。

眾所周知，俄羅斯和烏克蘭兩國是極為不友好的世仇、敵對關係，向來槍裡來火裡去的。倘若想要看到一個可以讓兩國人民好好坐下來的畫面，運動場上似乎是一個不錯的開端。

我向來信奉「運動帶來和平」這樣的信念，只要透過合理的遊戲規則和適當的運作，敵對國家也是有可能化解仇恨的。為了讓這場世紀對決能夠順利進行，我在二〇一四年三月拜會俄羅斯體育部副部長帕維爾・柯洛柏科夫，居中斡旋比賽過程的各種狀況。我特別強調，此次比賽的意義重大，是透過拳擊運動在國際事務中扮演和平使者的角色。而俄羅斯與烏克蘭對決所碰撞出來的精彩火花，更將實現奧林匹克精神，給國際上留下一個深刻美好的印象。

在溝通過程中，我適度的提出了國際拳總的各項要求，包括在國際賽事中的慣例，

2014.04.04　世界拳擊聯賽烏克蘭與俄國賽事（烏克蘭頓內次克）

像是賽前兩國選手彼此互相握手、擁抱，表示友好；比賽過程中觀眾不得謾罵、叫囂等不禮貌行為等。柯洛柏科夫看似面有難色，考慮甚久後仍勉為其難的答應。

但在我提出最後一項要求時，他竟然激動的站起來，表情嚴肅且語氣有些不悅的表示：「這是絕對不可能的，你若堅持這樣做，勢必會引發現場暴動。這個提議太過冒險，我不可能會接受。」

原來，我提出比賽前要演奏兩國國歌的要求，這個在國際比賽中極為尋常的舉措，竟踩到了俄羅斯方面的紅線。但我深知，這條紅線能否跨越十分關鍵且必要，它正關係著能否拉近俄羅斯與烏克蘭敵對的鴻溝。

為了勸說柯洛柏科夫，我搬出了國際體

壇慣例和國際禮儀等理由，一再強調運動必須與政治無關，俄羅斯要展現該有的大國氣度。我一再保證，國際拳總一定會竭盡全力做好事前籌畫與準備，屆時我本人也會全程坐鎮比賽會場，全力維護比賽的順利進行。經過我不斷溝通、勸說並曉以大義，俄羅斯方面也展現了該有的氣度，最後總算首肯所有事宜，這場經典對局終能順利登場。

畢竟俄羅斯和烏克蘭長久以來的敵對情勢，早已深植在兩國人民心中，出發前，烏克蘭的運動員對於要前往莫斯科比賽仍存有許多疑慮和擔心，他們憂心自己的人身安全是否能獲得充分保障，他們緊張的情緒也讓整個比賽充滿變數。而我所能做的，就是一再安撫運動員，並向他們保證，一定會全力保護他們的安全，讓比賽得以順利進行。

這一天終於來到！莫斯科體育館內有著極為特別的氛圍，這樣的場景實在是太經典、太可貴了。

比賽入場券早已銷售一空，偌大的現場座無虛席，擠滿了觀眾，每個人都要來親眼見證這場難得一見的世紀對決。坐在貴賓席當中的我，神情看來泰然自若、一派輕鬆，但我內心其實十分緊張，擔心有什麼擦槍走火的閃失。

只見兩國運動員和代表團陸續進場，每個人神情嚴肅、緊張又帶點不安。比賽正式開打前的重頭戲是演奏兩國國歌，當烏克蘭的國歌聲響起，只見烏克蘭代表團成員個個熱淚盈眶，這應該是他們一輩子都無法想像的場景，竟然能夠在俄羅斯的土地上聽到自己國家的國歌。俄羅斯代表團成員和在場觀眾也表現得相當有風度，並未出現不禮貌的舉止或行為。

比賽打得精彩，一切都按原訂計畫順利完成，我當下鬆了一口氣。比賽結束時已是晚上十一點，這時肚子咕嚕咕嚕叫個不停，原來從下午開始忙碌一直都未進食的我，因為緊張與擔心，竟完全忘了填飽肚子，直至任務圓滿達成，才感覺到肚子在抗議了。這麼晚了也沒得選擇，剩下麥當勞還有營業，只好簡單吃個漢堡裹腹。雖然口腹之欲沒有得到滿足，但我的心卻是滿滿的成就感，因為我又完成了一項不可能的任務。

那天晚上，我的心中悸動不已，腦中一再出現兩國運動員在賽前握手擁抱的畫面。想到如仇人般敵對的兩國人民，在運動的催化下，竟然能夠丟掉冷冰冰的槍桿子，用溫暖的雙手接納彼此，這不就是運動帶來和平的神奇效應？透過比賽的進行，為敵對的兩國帶來和平的契機，雖然這契機不一定持久，但最起碼可以帶來和平的曙光。這不就是我們所一再追求的世界和平嗎？

完成俄羅斯的主場賽事後，一個禮拜後來到客場烏克蘭。同樣的溝通戲碼，賽前演奏兩國國歌、運動員握手擁抱這些議題，仍然必須重新確認。我耐著性子和烏克蘭體育官員溝通斡旋，一再強調俄羅斯已率先展現了高度誠意和國際禮儀，既然已經有了美好的先例，烏克蘭實在不宜失了禮數。

好在所有溝通事項都完美達成，比賽也得以順利進行，這場世紀對決也在烏克蘭的頓內次克盛大登場，也為俄羅斯和烏克蘭這場世紀對決的佳話畫下完美的句點。

隔天一早我因另有要事，搭乘早班機離開烏克蘭。讓人深深感到遺憾的是，我前腳才剛離開烏克蘭，第二天就透過國際媒體獲知俄羅斯軍隊進攻烏克蘭的消息，這結局讓人感嘆世事的無奈與國際現勢的殘酷。

讓人意想不到的是，怎麼這和平的信息竟來得如此短暫？我如此用心良苦，費盡許多心血，期盼透過運動比賽的模式，進而促進和平契機到來的一切努力，最終仍無法戰勝國際政治的現實，命運之神是這樣無情又殘酷的捉弄弱勢的烏克蘭。

從現實面來看，俄羅斯和烏克蘭的敵對局勢，確實有它特殊的歷史背景和政治考量，要想用一時的外部因素所撼動是不可能的。不過我仍然沒有對「運動帶來和平」這樣的信念感到絕望，即便最終的結果只是曇花一現的和平曙光，我仍深信，只要有開端，只要有人願意努力促成，敵對的兩方，也能從彼此尊重帶來友誼，進而達到和平的境界，這樣的擴散效應是可以被期待的。

2018.02.10　2018 冬季奧運會（韓國平昌）

讓人最欣見的，是南北韓的例子。從兩國運動員在二〇〇〇年雪梨奧運會上，首度在開幕式上共同攜手入場的那一刻起，這個友善的舉措就已經開啟兩國和平的契機。二〇一八年平昌冬運會的開幕典禮，南北韓再度共同組隊，高舉朝鮮半島旗進入會場。

自此，南北韓從原本的敵對威脅，一步步進展到兩韓領導人的共同談判，甚至共同發表放棄核武與簽署和平協訂的圓滿結局，就是「運動帶來和平」最成功的展現。南北韓的佳話，可以為兩岸關係的發展帶來什麼值得借鏡和深思之處呢？這是一個極為耐人尋味的課題。

而在我國際奧會委員生涯中，我所宣誓的五環誓約，就是要透過奧林匹克運動，為人類帶來世界和平的普世價值。為此，我將努力讓自己成為那座從運動帶來和平的橋梁。推動運動與和平「Peace through Sports」，將是我堅守的信念，也會是我一輩子努力與奮鬥的職志。

協助弱小國家推展體育

在國際社會中，大國總是把持更多的資源和發言權，弱小的國家卻被忽略和漠視，這是不爭的現實。國際體壇的殘酷現實也是如此，體育大國挾著強勢的國際地位擁有更多資源，是極為常見的情況。

國際拳總在過去保守舊勢力掌權的時代，因為收取許多來自強國的賄賂，大小眼的情況更為嚴重。那些擁有超強體育實力的拳擊大國，總想占據更多資源，富者恆富、窮者益窮的窘境，始終無法扭轉。國際拳總淪為被強者掠奪資源的工具，奧林匹克公平共享的信念，在此遭到踐踏。

但在我接任國際拳總主席之後，我決心掃除這樣的陋習。資源的平均分配與挹注弱小國家的主張，以及發展小國體育的策略，成為我改革拳擊運動的重點。

除了積極開發國際拳總的新國家會員，對於非洲和大洋洲的許多小國，國際拳總也提供許多資源協助他們推廣拳擊運動。這樣做的目的是要做到資源的公平分配，也鼓勵這些小國藉由對拳擊運動的深耕，拓展自己的拳擊實力。如此一來，就算是名不見經傳的小國，也可以在推展運動的催化與運動實力的展現下，提升自己在國際社會的能見度，進而在國際社會擁有一席之地。

而非洲地區就是非常值得耕耘的地方，非洲選手在許多運動競技上都有傑出表現，像是田徑、足球、拳擊等，在奧運會和各大國際體育賽事，來自非洲的運動員，用他們的實力和天賦屢創佳績。可是運動員的亮眼表現，卻與非洲國家所能獲得的資源不成正比，非洲地區真的是被國際體壇忽視的重要地區，這是很不公平也是很可惜的事。

我在國際拳總主席十一年來，總計走訪非洲七次，對於民眾樂天、直爽的性格留下深刻印象。我發現，非洲除了有廣闊的土地，天然資源也相當豐富，年輕人所獨有的運動天賦更是一大寶庫。我決定把拳擊的種籽，撒向廣大的非洲大地。

於是，我在二〇一七年把國際拳總的年度發展重點，定調為非洲年「Year of Africa」，透過拳擊場上的發光發熱，我要讓全世界都能看到非洲的進步與發展。

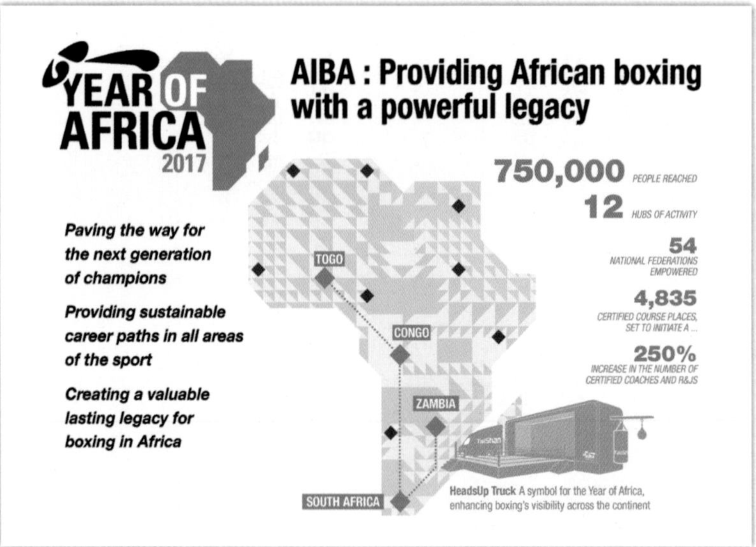

2017 非洲年活動－計畫概要

為了推動拳擊運動，首要之務是把運動資源帶入非洲。我特別情商企業來援助這項計畫，大陸最大運動器材供應商泰山體育集團二話不說，全力協助國際拳總，他們慷慨捐助各項推動拳擊所需的各種體育器材和設備。我們就這樣買了一部大型拖車，裡頭載了拳擊擂臺和各項所需設備，包括拳擊手套、護具等，拖車巡迴非洲各地，一站又一站的展開拳擊推廣之路。

國際拳總還特別在非洲設立了兩個重點發展中心，針對教練、運動員和青少年進行特別訓練和培育。對於一些資源比較缺乏的貧困國家，國際拳總將這些國家有實力的選手給予集中訓練，並進一步協助他們參加奧運會。如此一來，這些小國有機會在國際體壇露臉，增加他們的能見度，對於取得國際援助、加速國家發展，進而擺脫貧困，都將產生許多正面效應。

全球是一個大家庭，經濟發展較為落後、資源較困窘的小國，更需要實質的幫助。國際拳總在非洲和大洋洲奠定了很好的基礎。然而，讓我憂心的是，在我離開國際拳總後，那些只重視體育大國、忽視體育小國的惡習將重演，好不容易撒下的種籽才剛發芽，可能就要被扼殺了。

協助科索沃取得國際奧會會員資格

在協助小國推動拳擊運動的過程中，還有一件事讓我特別感動，那就是國際拳總成為關鍵的最後一票，讓科索沃成功取得國際奧會會員國的資格。

位在巴爾幹半島上的科索沃，獨立之前有著悲慘的歷史。因為種族和宗教的宿命，科索沃曾經經歷種族屠殺與戰火摧殘等悲劇，造成數十萬人無家可歸。在取得獨立之後，科索沃積極加入各項國際組織，也頻頻向國際奧會叩關，但多年來始終無法取得足夠的認可，得以進入國際奧會。因為科索沃必須要取得至少五個國際單項運動總會的認可，才能拿到這張成為國際奧會大家庭一份子的門票。

看到科索沃的處境，讓我回想到我從一九八二年投入國際體育事務後，四處奔走，用盡一切方法為臺灣爭取國際各單項運動總會會籍的辛酸和苦楚。我同情他們的遭遇，也覺得應該透過國際拳總來協助科索沃。

在國際拳總所承認的關鍵一票下，科索沃總算達成獲得五個國際單項運動總會承認的條件。最終，國際奧會在第一二七屆年會中投票通過承認科索沃國家奧會。科索沃經過多年的努力，總算如願成為國際奧會正式會員。這項突破，也為科索沃的體育發展邁入國際化，跨出寶貴的一大步。

科索沃的處境和臺灣很類似，當年中華臺北苦苦無法進入國際體育組織，在我披荊斬棘的奮戰下，才得以有現在的成果。如今，有能力可以讓科索沃獲得幫助，我當然義不容辭。雖然我覺得自己的協助只是杯水車薪，但對科索沃來說卻是極大的助力。科索沃的總統、總理一再的對我表達感謝，謝謝我為科索沃做了一件大事，還強調那是一項偉大的貢獻。

我多少可以體會科索沃對於能夠進入國際奧會是多麼珍惜和雀躍，得以成為國際奧

2016.11.05　受邀出席科索沃奧會兩周年慶，拜會科索沃總理伊薩・穆斯塔法
（科索沃普里斯提納）

會這個極為重要的國際組織一員，這個渺小的國家總算在國際體壇也占有一席之地。而透過參與各項國際體育賽事，該國運動員的實力有機會被全世界看到，科索沃也經由推展體育帶動國家各項發展，得以拋開悲慘歷史的宿命。體育為科索沃帶來新的希望，讓科索沃有了新生的契機。

不論是我在國際拳總任內所做的這些改革，抑或是國際奧會委員生涯所推動的各項工作，都是在體現奧林匹克的理念和精神。從非洲國家推動拳擊運動的成效，以及像科索沃這樣的小國得以進入國際奧會，這些成功的案例都在在顯示，推展體育所能帶來的連鎖效應是極為顯著且全面的。因為在運動競技的華麗外衣下，運動所帶來的深層影響是超乎想像的。

運動帶來榮譽

我在國際體壇四十年來，一直秉持著初衷和原則行事，總砥礪自己在有生之年要奉獻心力在奧林匹克運動的推展，從未想過會在運動這個領域功成名就。事實上，從運動帶來的許多榮譽，是我當初成為專業體育人意想不到的收穫，我將其視為人生最重要的美麗印記，也是對我全力以赴的努力最直接的肯定。

推動拳擊運動的改革，是一項極為艱辛的任務，國際拳總黃金十年的戮力革新，創造了拳擊運動從未有過的美好時代。從我個人所獲得的許多榮譽，即可彰顯我們真的為拳擊這項古老運動締造了新的面貌。

在國際拳總主席任內，我獲得哈薩克國家勳章，這個勳章向來只頒給終身致力於特殊領域有傑出貢獻者，而我是首位獲得這個勳章的體育人士。烏茲別克政府功績勳章迄今僅頒給十五人，對象皆為各國政府與國際機構的高階領導人，我幸能獲此榮譽。我也

2015.02.03　烏茲別克政府功績勛章，由烏茲別拳協副主席 Mr Tashmatov Sherzod 於訪問 AIBA 總部致贈

曾獲得摩洛哥國王所頒發象徵該國最高榮譽的皇家勳章。而俄羅斯為表彰我對國際體壇的貢獻，則特別頒授了俄羅斯政府功績勳章。蒙古總統也以該國最重要的「北極星勳章」，彰顯我推展奧林匹克運動和拳擊的努力。

其他像是國際奧林匹克學院頒發的「榮譽傑出奧林匹亞獎」，是全球最高奧林匹克文化獎章；而由美國運動學院所頒發的榮譽博士學位、保加利亞運動學院頒授的榮譽博士學位、烏茲別克大學的榮譽教授學位、白俄羅斯體育大學頒授榮譽博士學位等，都是為我多年來持續不斷的推展奧林匹克運動最大的肯定。

我深信，運動能提升人類生活的水平，藉由運動也可以帶來國家的進步，更能靠著神奇的運動效應，化解仇恨帶來和平的契機。奧林匹克精神首重和平、博愛、平等與尊重，我所獲得的這些榮譽，正是世人認同奧林匹克價值的最佳印證。

永遠的奧林匹克志工

擔任國際奧會委員是一項很高的榮譽，面對兩岸微妙又敏感的政治角力，在榮譽的光環下，卻必須「忍辱負重」，承載格外沉重的負擔，因為我有責任維護會籍和保障選手出賽權益。

回顧國際奧會委員三十年生涯，我從來沒有一天忘記我當時所宣誓堅守的五環誓約，也從來沒有棄守作為國際奧會委員應該要有的責任和擔當。

或許最後的結果不能事事盡如人意，有時甚至還會遭到有心人士的不諒解或惡意詆毀，但我所做的每一件事，都是我盱衡是非對錯與公理正義的天平後所做的抉擇。凡事都不能違背我所宣誓的五環誓約，我必須做一個稱職且問心無愧的國際奧會委員。

曾經有人以「運動員重返國際體壇的守護神」，或「參加國際體育賽事的權益捍衛者」這樣的美名，彰顯我在推動國際體育事務的貢獻。其實，當我在一九八八年二月十一日宣誓就職國際奧會委員的那一刻起，堅守「奧林匹克精神與原則」，就成為我的行事準則和信念。凡事考量的不是政治利益，只做對的事；不管政客們的鬥爭糾葛，只看清體育對人們的重要性。

三十年的時間不算短，我從四十二歲的壯年，一肩挑起國際奧會委員的重責大任，如今已是年過七十從心所欲的年歲。三十年的流光歲月，我親身經歷過許多奇妙的神蹟，也克服與挑戰無數次的難關和不可能的任務。這豐富的人生歷練，成為我人生最滋養的土壤，讓我創造一個又一個的驚異奇航之旅。

生命的旅程就像一個珠寶盒，而我所擁有的珠寶盒肯定是特製的，因為它實在裝載著太多精奇的寶藏。點點滴滴都是難忘的回憶，處處都是意外的驚喜和美麗的巧合。「人生如戲，戲如人生。」我的人生，可說是一連串問號與驚嘆號的組合。有時是難以改變的宿命，抑或是充滿變數的轉折，更多的是不斷激起的美麗火花。

未來在我的人生畫布裡，還有多少年可以任我揮灑？我自己也沒有答案。可以肯定的是，無論我在哪一個位置，我都會是「永遠的奧林匹克志工」，將永遠保有我的初衷和我所堅守與信奉的奧運五環誓約。

2015.06.14　烏茲別克國立體育文化學院榮譽教授（烏茲別克塔什干）

2014.04.23　獲頒保加利亞國家運動學院榮譽博士（保加利亞索菲亞）

① 2008.09.17　韓國檀國大學頒贈名譽哲學博士（韓國首爾）

② 2018.10.22　獲聘南京體育學院名譽教授

① 2013.11.15　美國運動學院頒贈榮譽博士

② 2012.11.28　拜會柯索沃運動部長 Mr. Memli Krasniqi（科索沃普利斯提納）

叱吒風雲：吳經國拳力出擊

作　　者／吳經國
採訪整理／曾意芳
美術編輯／孤獨船長工作室
責任編輯／許典春
企畫選書人／賈俊國

總 編 輯／賈俊國
副總編輯／蘇士尹
編　　輯／高懿萩
行銷企畫／張莉榮・廖可筠・蕭羽猜

發 行 人／何飛鵬
法律顧問／元禾法律事務所王子文律師
出　　版／布克文化出版事業部
臺北市中山區民生東路二段 141 號 8 樓
電話：(02)2500-7008 傳真：(02)2502-7676
Email：sbooker.service@cite.com.tw
發　　行／英屬蓋曼群島商家庭傳媒股份有限公司城邦分公司
臺北市中山區民生東路二段 141 號 2 樓
書虫客服服務專線：(02)2500-7718；2500-7719
24 小時傳真專線：(02)2500-1990；2500-1991
劃撥帳號：19863813；戶名：書虫股份有限公司
讀者服務信箱：service@readingclub.com.tw
香港發行所／城邦（香港）出版集團有限公司
香港灣仔駱克道 193 號東超商業中心 1 樓
電話：+852-2508-6231 傳真：+852-2578-9337
Email：hkcite@biznetvigator.com
馬新發行所／城邦（馬新）出版集團 Cité (M) Sdn. Bhd.
41, Jalan Radin Anum, Bandar Baru Sri Petaling,
57000 Kuala Lumpur, Malaysia
電話：+603-9057-8822 傳真：+603-9057-6622
Email：cite@cite.com.my
印　　刷／韋懋實業有限公司
初　　版／ 2019 年 4 月
售　　價／ 450 元
ＩＳＢＮ／ 978-957-9699-75-4

城邦讀書花園 www.cite.com.tw
布克文化 WWW.SBOOKER.COM.TW